# 速讀香港史

下冊

1949—2020

周子峰 著



了解過去

把握現在

前瞻未來

中華書局

# 導論
# 如何理解香港歷史？

作為英國的轄地，香港具有「非移民型殖民地」的特點。英國派遣行政官員、經濟管理、專業技術及軍警人員到香港維持治安，白人移民只佔本地人口的很小比例，本地華人的文化傳統得到相當程度的保留。1841 年至 1997 年間香港歷史發展的主要脈絡，概可歸納為三條主線：

## 1．英人治港政策的演變

英人治港政策是隨着香港政治、社會、經濟、文化形勢的改變而不斷調整的。

開埠初期，英人僅將香港視為英國在華的經濟和軍事據點，華洋社會出現絕對隔離的形態。其後英人逐漸發現華人對發展香港經濟的重要性，認為華洋之間必須有所溝通，才能對華人進行有效管治。第二次世界大戰後，如何拿捏與新中國的關係成為英國對港政策的重要課題：總體而言，英國一方面重視維持與中國的友好關係，拓展英國的利益；另一方面扶植西方華人精英，維持英國人對香港的有效管治。

## 2．香港華人社會的成長

經濟發展、移民和西式教育，推動了早期香港華人社會的成長。但早期香港華人對本地的歸屬感相當有限，大多抱有「難民心態」，僅視香港為暫居地，「借來的時間，借來的地方」正是這種心態的寫照。1970年代以後，港府為市民提供更多福利措施；1980年代本地經濟轉型與普及教育的發展，形成中產階級崛興，定居香港的華人，逐漸對香港產生歸屬感，產生本土意識。

## 3．中國內地因素的影響

香港在政治、社會、經濟及文化上，都與中國關係密切，內地發生的各種變革，都會對香港產生巨大的影響。

香港的華人移民絕大多數來自內地，定居香港後，仍與家鄉保持密切聯繫；加上 1949 年以前中外轉口貿易是香港的主要經濟命脈，兩地居民亦可隨時跨境通行，遂形成互通聲氣的密切關係。

新中國成立以後，中國政府希望利用香港作為突破西方陣營封鎖禁運的前沿陣地，擱置收回香港的問題；同時為擴大中國對香港的影響力，又在港經營各個具政治成分的組織，進行統戰活動。及後內地的文化大革命、改革開放、「六四事件」等，無不牽動香港的政經神經，對香港的發展影響深遠。

沿上述三條主線解讀香港史，有助讀者把握香港的過去、現在與未來。

# 香港史的歷史分期與特點

遠古 ➤ 2020

**前開埠時期**｜遠古 - 1840

↓

**開埠時期**｜1841 - 1860

↓

**華人精英冒升時期**｜1860 - 1914

↓

**兩次大戰期間**｜1914 - 1938

↓

**第二次世界大戰及國共內戰時期**｜1939 - 1949

- 見《速讀香港史（遠古至1949）》

**中華人民共和國成立初期**｜1949 - 1959

- 內地與東南亞政局動盪，大量資金和人口流入香港，為本地經濟發展提供動力。
- 冷戰時期，本地華人社會分裂為左（親中）、右（親台）兩大陣營。
- 港府打壓香港左派人士。
- 港府開始介入房屋、教育和福利等民生事務。

## 六十年代的香港 | 1960 - 1969

- 土生人口的比例逐步增加，「家在香港」的意識開始增強。
- 香港的左派陣營擁有深厚的群眾基礎。
- 逐漸演化成「工業化」社會。
- 天星小輪加價事件及「六七暴動」相繼爆發。

## 香港本土意識的成長期 | 1970 - 1979

- 港府落實改革的決心，投入更多公帑進行民生建設，大大改善本地居民的生活。
- 廉政公署成立。
- 經濟政策從「自由放任」改為有限度地干預市場運作。
- 本地華資財團崛興。

## 過渡時期中英談判 | 1979 - 1989

- 中英兩國就香港前途問題展開談判。
- 中產階級崛興。
- 「 一國兩制」構想形成。
- 港府加快發展代議政制。
- 本地製造業北移。

## 後過渡期 | 1990 - 1997

- 末代港督彭定康推出政改方案，激起中英爭拗。
- 民主政制的發展催生了政黨的出現。
- 中資企業發展蓬勃。
- 高等教育擴張。

## 回歸後至第二任行政長官完成任期 | 1997 - 2012

- 特首董建華面對管治挑戰。
- 亞洲金融風暴爆發，香港經濟受到重大打擊。
- 「 七一大遊行」成為市民對政府支持度的寒暑表。
- 行政與立法機關的關係持續惡化。
- 內地與香港關係日趨緊密，本地出現香港是否「內地化」的爭議。

## 尋找新方向的香港 | 2012 - 2020

- 內地與香港的矛盾不斷加劇。
- 普選問題最終引發了違法「佔中」。
- 違法「佔中」平息，但香港面對的政治困局始終找不到出路。
- 《逃犯條例》引爆政治風暴，整個香港社會被捲入「修例風波」。
- 港區國安法落實，香港開啟新篇章。

# 目錄

contents

上冊

第一章 英佔前的小小香港
遠古 ➤ 1840

第二章 香港開埠了！
1840 ➤ 1860

第三章 時間來到十九世紀後期
1860 ➤ 1900

第四章 風雲歲月，辛亥革命前後的香港
1900 ➤ 1914

第五章 野蠻生長，一戰至二戰初期的香港
1914 ➤ 1941

第六章 風暴來臨，日佔及國共內戰時期
1941 ➤ 1949

chapter 1 to chapter 6

**導論** / 002

**香港史的歷史分期與特點** / 005

## 第七章

# 共和國成立初期香港之發展

**1949 ➤ 1959**

**7.1** 1949 年後，中國、英國與香港 / 018

**7.2** 冷戰初期，沒有硝煙的戰場 / 022

**7.3** 左派與右派 / 025

**7.4** 戰後香港經濟的轉型——從轉口貿易到工業 / 029

**7.5** 住不下去了！公共房屋的誕生 / 034

**7.6** 普及教育、去國族化，教育再「進化」 / 037

chapter 7

# 第八章

# 局勢不穩的六十年代

**1960 ➤ 1969**


**8.1** 人口！大量的人口！ / 042

**8.2** 那一年，香港中文大學成立 / 045

**8.3** 左派力量全速前進 / 048

**8.4** 天星小輪加價事件（九龍騷動） / 051

**8.5** 「六七暴動」 / 054

**8.6** 「六七暴動」的影響 / 058

**8.7** 不能不管的金融業 / 061

chapter 9

# 第九章

# 社會急速發展的七十年代

**1970 ➤ 1979**


9.1 是時候改革了 / 066

9.2 聆聽民生的行政改革 / 070

9.3 香港人需要更多房子 / 073

9.4 拒絕貪污！廉政公署成立 / 076

9.5 教育政策：讓更多孩子上學吧 / 079

9.6 姍姍來遲的社會福利服務 / 082

9.7 「積極不干預主義」 / 085

9.8 我是「香港人」 / 089

## 第十章

# 中英談判及過渡期

**1979 ➤ 1989**


**10.1** 中產階級，異軍突起 / 096

**10.2** 香港前途談判與「一國兩制」構想 / 099

**10.3** 甚麼是代議政制？ / 103

**10.4** 我也有話說——壓力團體紛現 / 106

**10.5** 聯繫匯率制度的誕生 / 109

**10.6** 你要長大了！證券市場 / 112

**10.7** 成本太高！向北移的製造業 / 115

**10.8** 「六四事件」後的香港—— / 118

**10.9** 搖籃中的《基本法》 / 121

## 第十一章

# 後過渡期的香港

**1990 ➤ 1997**

**11.1** 彭定康與政改方案登場 / 126

**11.2** 參政！政黨的形成 / 130

**11.3** 為甚麼立法局直選議席影響巨大？ / 133

**11.4** 公務員體制，你知道多少？ / 136

**11.5** 成為支柱的中資財團 / 139

**11.6** 金融業邁向國際 / 142

**11.7** 下一步，高等教育 / 145

**11.8** 你好！特區政府 / 148

chapter 11

# 第十二章

# 回歸後的香港

## 1997 ➤ 2012

12.1 面對大考驗的董建華 / 154
12.2 越過高山越過谷的香港經濟 / 157
12.3 房屋問題是個大問題 / 160
12.4 爭吵不斷的教育改革 / 163
12.5 居港權與人大釋法的爭議 / 166
12.6 SARS，二十三條，七一大遊行 / 169
12.7 對立！分裂！政黨政治 / 172
12.8 社會運動，「八十後」的新戰場 / 175
12.9 丁權？特權？ / 178
12.10 曾蔭權的管治 / 182

chapter 12

## 第十三章
# 尋找新方向的香港
**2012 ➤ 2020**


**13.1** 內地與香港的矛盾加劇 / 188

**13.2** 「普選」爭議 / 191

**13.3** 「本土派」的崛興與立法會宣誓風波 / 194

**13.4** 難以解決的社會矛盾 / 197

**13.5** 粵港澳大灣區規劃 / 200

**13.6** 修例事件 / 204

**13.7** 港區國安法的推行 / 207


*chapter 13*


**小結** / 209

**香港大事年表（1950 - 2020）** / 210

# 共和國成立初期香港之發展

1949
▼
1959

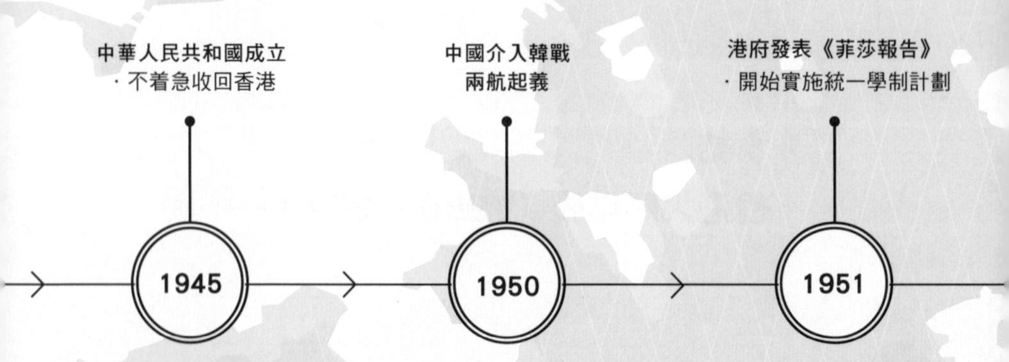

●中華人民共和國成立後，
英國在香港的殖民統治面臨嚴峻的挑戰：
一方面必須避免與新政府產生直接衝突，
以免解放軍用武力收回香港；
另一方面為維持港英政府的統治權威，
必須竭力壓制左派力量的擴張，
防止華人民族情緒高漲。

●為維持與美國的合作關係，
加上港府認為右派的「反共」宣傳有利於遏制左派在港的活動，
英國容忍美國及其盟友台灣在港進行間諜和宣傳活動，
使香港在 1950 年代成為左右兩派的鬥爭場域。

●戰後香港經濟轉型的重要階段。

●國共內戰時期，大量資金和人口流入香港。

●韓戰爆發，聯合國對中國實施禁運，
以及其後中國加強貿易管制政策，嚴重打擊了香港的轉口貿易，
促使香港逐漸由轉口港轉化成「出口主導」的製造業基地。

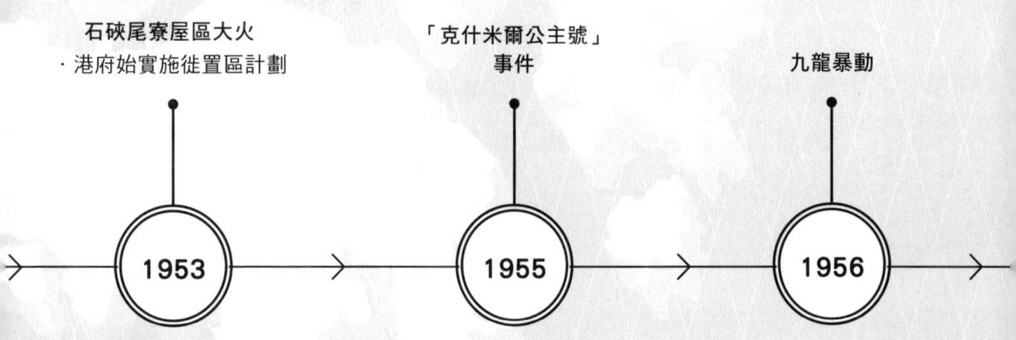

7.1

# 1949 年後，中國、英國與香港

## 中國並不着急收回香港

中華人民共和國成立初期，中國政府希望利用香港作為**突破西方陣營封鎖禁運的前沿陣地**，因而把收回香港的問題暫時擱置。國務院總理周恩來提出「香港可作為我們同國外進行經濟聯繫的基地，可以通過它吸收外資，爭取外匯」。從 1950 年代韓戰至 1960 年代，香港作為中國從國外**引進資金、技術的渠道**，開展**進出口貿易的窗口，溝通中外民間（包括海外華僑）往來的橋樑**，發揮了巨大作用。

1947 年 5 月，中共為展開對外宣傳工作和掩護地下組織，在香港成立**新華通訊社**，並授權新華社辦理與港府的聯繫或交涉。

## ·1949 年至文革前中國政府的對港策略·

| 政策 | 影響 |
| --- | --- |
| 政策有別於內地 | 盡量不容許內地政治運動波及香港 |
| 封鎖中港邊界 | 避免台、美特務潛入內地搞破壞 |
| 大量供給優惠物資予香港 | 保障香港必需的日用品、工業原料和製成品等供應，維持香港社會穩定<br>打破西方經濟封鎖，出口創匯 |
| 設駐港機構新華通訊社 | 在中英未建交的情況下，必要時與港英政府交涉 |
| 進行統戰活動 | 增強香港市民對中國的向心力及愛國力量在香港的影響力 |
| 以香港為外匯中轉站 | 1950 至 1965 年間，約有超過 10 億美元的資金經香港匯返內地 |

## 英國堅拒把香港交還中國

中華人民共和國成立後，英國政府一方面盼望在東亞**「保留立足點」**，另一方面又懼怕華人民族主義會在中共革命勝利的鼓舞下壯大，因此採取**「堅定而不挑釁」**的政策處理有關中國的問題。

為**限制香港的親中力量**，港府公佈《1949 年非常時期條例》，賦予港府特殊權力，不必宣佈香港進入緊急時期，便可將部分緊急條例生效，並拒絕一些認同中共新政權及懸掛五星紅旗的社團的註冊申請，嚴格限制在港左派的活動。

## 港府進行有限度改革以爭取港人支持

港府因應時勢，採取較戰前**更加懷柔的手段**管治華人，例如通過增加立法局華人委任議席與市政局民選議席的方式，加強民意的代表性；在華人上層社會中繼續扶植親英勢力；在不同的階層成立並無實權的「諮詢委員會」偵察民意，有限度地吸納建制以外的社會上層精英作為施政的諮詢人。

此外，港府亦較從前**更關注華人的福利**，於 1948 年成立社會局（Social Welfare Office，1958 年改組為社會福利署），首次由政府機關直接向本地貧民提供物質援助，並協調各民間慈善團體向市民提供服務。

### ·英國為何沒有跟中國「撕破臉皮」？·

**英國想甚麼？**

- 政治上，維持英國在港地位，避免解放軍收復香港
- 經濟上，維護在港英商利益，擴大對華貿易

**英國怎麼做？**

- 國際外交上，承認中華人民共和國
- 對港態度上，採「堅定而不挑釁」政策

**堅定**

- 強調過去中英簽訂的有關香港的不平等條約仍有效
- 拒絕在可能有損英人統治的事務上讓步

**不挑釁**

- 避免製造挑釁行為而與中國直接發生衝突
- 容忍左派人士在港的活動

notes.

諾曼·布魯克（英內閣大臣）說：「香港對英國的象徵和政治意義遠遠大於經濟意義。從戰略上講，它已經是我們在遠東地區最後的堡壘了。」（1959 年 7 月）

**重點**

**「長期打算，充分利用」是共和國成立初期對香港的主要方針；而對中國政府妥協、壓制本地左派活動，則是英國殖民政府治港的主要策略。**

7.2

# 冷戰初期，沒有硝煙的戰場

## 在中美之間左右逢源

二戰後，英國國勢日衰，只得接受美國政府巨額援助「補血」。1950 年 10 月，中國參與韓戰，聯合國在美國主導下，對中國內地實施**禁運**，英國政府迫於形勢，必須配合，並**默許美國在香港設立各類情報機關**，對內地進行**間諜活動**。

但另一方面，中國政府視香港為**突破西方對華禁運**的關鍵因素，從香港購入大量物資，偷運至澳門後再轉入內地。而港府為維持自身的經濟利益，則對禁運規定**「陽奉陰違」**，表面上不斷頒佈法令，擴大禁運範圍，但在美國的壓力稍微放鬆時，卻批准商人出口「特定物品」再轉運至內地。此舉引起美國政府不滿，英國則推說假若香港因禁運而出現失業問題，可能會令中國立刻收回香港。

## 兩航起義：中、英、美在港上演「三國演義」

1950 年 12 月的兩航起義，最能反映中、英、美三國的矛盾關係。中國航空公司與中央航空公司（合稱「兩航」）原係國民黨政府屬下產業，1949 年 11 月，中國航空公司部分員工宣佈投奔「新中國」，中共隨即宣佈兩航資產屬共和國政府所有。

由於當時兩航還有 71 架飛機停留香港，國民黨政府便向香港高等法院申請禁制令，凍結兩航資產。隨後以美國飛虎隊陳納德將軍（N. B. Chemnault）為首的「民用航空運輸有限公司」入稟法院，稱已向國民黨政府購得飛機的所有權，要求解除禁制令，卻遭法院駁回。美國政府稱香港法院的判決具有「討好中共的企圖」，向英國政府直接施壓，結果英國樞密院於 1952 年判決陳納德等人勝訴。

重點

冷戰時期，香港成為東西方陣營的鬥爭場域。

·中、英、美圍繞香港的博弈（1949 - 1957）·

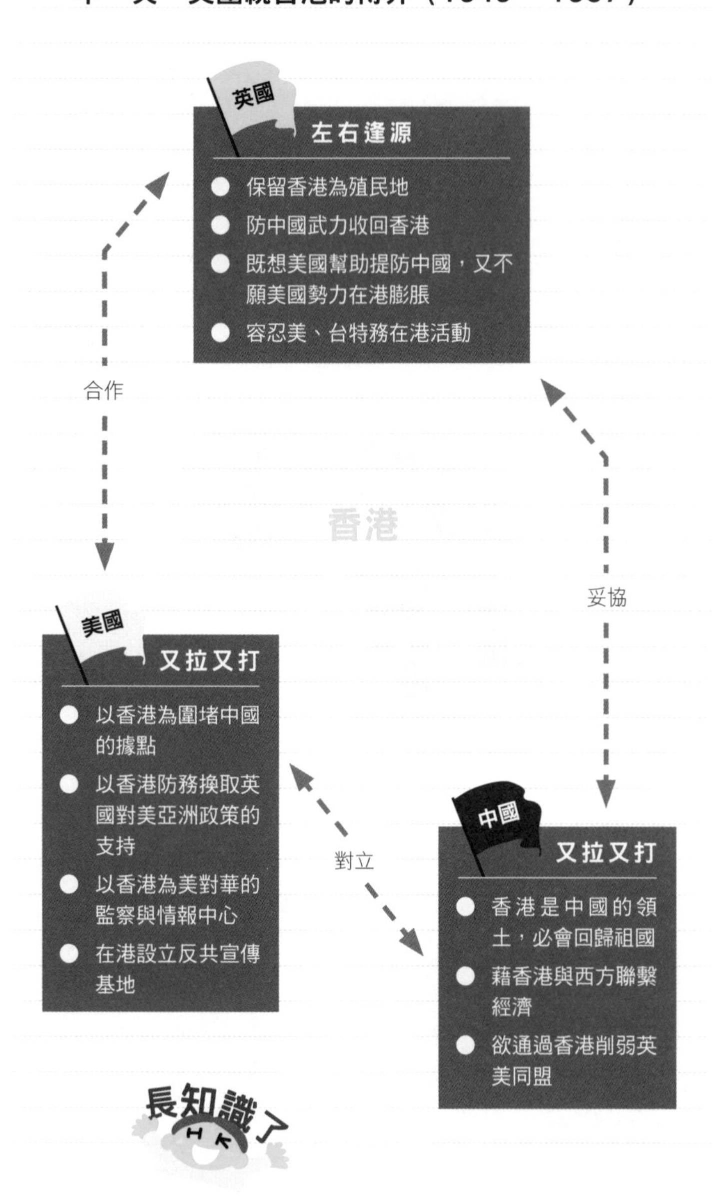

# 左派與右派

## 殖民政府對左派人士的壓迫

1949 年後，殖民政府視左派人士為假想敵，利用各種手段限制他們在港的活動，代表性事件有「羅素街血案」、「三 ・ 一騷亂」及《大公報》案等。

### 「羅素街血案」：工會骨幹被遞解出境

1949 年港府制定《非法罷工及停工條例》，**禁止工人發動一些意圖脅迫政府的罷工**；同年 12 月，電車工人在**工聯會**的支持下發動罷工；次年 1 月，罷工工人在港島羅素街與警察爆發衝突。事後港府遞解電車工會骨幹人士出境。

### 「三・一騷亂」：一名工人中彈身亡

1951 年 11 月，九龍城東頭村發生大火，數萬災民痛失家園。左派人士批評港府救災安排失當，港府則不欲左派人士介入救災活動。其後，廣州市多個社團組織了「粵穗慰問團」，準備來港聲援，卻遭港府**禁止入境**。部分迎接「慰問團」的民眾不滿，在九龍佐敦道口與警察爆發衝突，一名工人中彈身亡。警方事後拘捕 300 多人，驅逐 12 人出境。

### 《大公報》案：左派報刊險被停刊

「三・一騷亂」後，香港左派報刊《大公報》轉載《人民日報》就事件批評港英政府的評論，被港英政府控告涉嫌刊登**煽動性文字**，香港最高法院勒令《大公報》停刊六個月。《大公報》不服上訴，最後上訴被駁回，但停刊令卻未有落實執行。

## 右派在香港活動，與左派角力

江山易幟，國民黨退守台灣，誓要「反攻大陸」。在香港，親台勢力俗稱為**右派（親台）**，與**左派（親中）**形成壁壘分明的兩大對立陣營，尖銳矛盾頻生。

### ·回歸前港英政府對左派的防範措施·

- **一般不取錄**個人或直系親屬有內地政治背景者為官員

想搞事？

- 對投考政府官員的華人進行**政治審查**
- **秘密調查及監控**愛國團體和左派人士
- **驅逐**左派活躍分子出境

想洗腦？

- 立法監控打擊**左派學校**
- **取消灌輸共產主義教師的資格**

想滲透？

- 派遣情報人員滲入左派團體**刺探情報**
- 在專上學生聯會和鄉議局等實行**反滲透**

## 台灣特務製造克什米爾公主號事件

1955 年 4 月，新華社香港分社社長黃作梅等人乘坐從香港飛往印尼的包機**「克什米爾公主號」**，在飛行途中**爆炸**，乘客悉數罹難。事後港府將大量台灣特務驅逐出境，並與台方交涉，要求台灣方面不可再在香港進行破壞活動。

英國在避免中國官方抗議的前提下，容忍台灣右派勢力在香港活動。

## 九龍暴動：右派搞破壞，黑社會背黑鍋

1956 年 10 月，李鄭屋徙置區和荃灣寶星紗廠員工宿舍的**「青天白日滿地紅」旗**被人撕去，右派滋事者據此為口實，洗劫店舖，攻擊左派機關及學校。最初港府聲稱事件「純屬左右兩派工人內部的鬥爭」，但周恩來指責事件係國民黨特務策劃並作出抗議。港府隨即逮捕騷亂分子 3,000 多人，聲稱此次暴動是由黑社會組織發動。

## 調景嶺難民營問題

1949 年後，不少前國民黨軍政人員從內地逃到香港，港府為他們開闢**西環摩星嶺**作為臨時難民營。1950 年 6 月，摩星嶺的右派人士與左派工會的職工發生衝突，港府遂把難民集體調遷到九龍魔鬼山半島的**調景嶺**，並供應膳食。台灣當局也開始援助該區難民，使當地在一段長時間內成為右派勢力的**主要據點**。

notes.

● 工聯會即香港工會聯合會簡稱，成立於 1948 年，前稱「港九工會聯合會」，1986 年改為現名，是香港目前第一大工會聯合組織，也是傳統親共工會。

# 戰後香港經濟的轉型——從轉口貿易到工業

## 經濟轉型的契機

戰後初期香港的經濟轉型，與中國內地政局的變動關係密切。

1949 年前，香港經濟以**進出口貿易**為支柱；1950 年 10 月，中國介入韓戰，次年聯合國在美國帶領下對中國實施**貿易禁運**，使香港的**轉口貿易受到嚴重打擊**。

另一方面，自 1947 年起，眼見國共全面內戰不可避免，不少內地企業家（主要來自上海）遂把紡織器材和設備轉運到香港，他們隨後也在全國解放前**逃到香港，並隨即在港復業**。

戰後香港人口從 1946 年的 60 萬增至 1952 年的 213 萬，**源源不斷的資金與勞動力供應**，為香港經濟**從轉口貿易向工商業型轉化**創造了有利條件。

### ・戰後香港工業發展的原因・

| | 原因 | | 影響 |
|---|---|---|---|
| **有利的國際環境** | ● 西方國家經濟增長 | ➤ | 對輕工業日用品需求增加 |
| | ● 西方國家產業轉型，集中發展高科技產業 | ➤ | 利於香港拓展勞動力密集型工業產品市場 |
| **香港自身因素** | ● 大量移民湧入 | ➤ | 提供了技術人才和勞動力 |
| | ● 大量內地和東南亞資金流入 | ➤ | 為香港工業化提供了動力 |
| | ● 來港創業企業家有開拓精神 | ➤ | 使本地製造業能適應激烈的國際競爭 |
| | ● 香港勞工工作敬業 | ➤ | |
| **港府的政策** | ● 自由貿易港、法治管理和低稅政策 | ➤ | 為工業投資者帶來信心 |
| | ● 普及教育政策 | ➤ | 有利於提高工人質素與知識水平 |
| | ● 為勞工階層提供廉租住屋的公共房屋政策 | ➤ | 有助降低勞工成本，增加工人隊伍的穩定性 |

## 1950 至 1970 年代香港工業發展的特點

香港自然資源的匱乏、內部市場的狹小、政府的不干預政策、廉價人力資源的豐富，造就了本地工業發展的特殊經驗。

### 以出口為導向的輕工業

香港土地有限，缺乏自然資源，內部市場較小；早期大部分廠主資本有限，加上港府不願意直接補貼工業項目的政策，令香港不具備大規模發展重工業的條件。而**輕工業由於所需資本較少，技術要求簡單**，適合本地大多數廠商。香港的工業產品以**外銷**為主。

### 中小型本地企業是香港工業發展的骨幹

國際市場對產品的需求變化頻繁，中小型企業較易通過減產與轉換生產線以適應訂單要求。同時，本地企業往往採用「承判分包制」運作，即大工廠從外國接訂單，再判給小廠承擔部分工序，既可減輕工廠本身的固定支出，也可增加生產的**靈活性**，迎合變幻不定的海外市場需求。

據 1973 年及 1978 年的數據，完全本地資本的工業，僱用了 85% 以上的工人，在整個工業的總產值及增值的貢獻上亦分別超過 85% 及 80%。

## 勞動密集型成香港製造業主要生產模式

當時因為有**大量新移民**湧入香港，工人**工資低廉**，而勞動密集型工廠在轉產時除工人的熟練程度下降外，其他的損失很少，勞動密集型自然成為香港製造業主要的生產模式。1973 年，本地勞動密集型工業產值佔製造業總產值的比率為 93.5%。

notes.

1950 年代，香港發展最快的製造業首推紡織業，及至 1960 年代，製衣業逐漸超越紡織業，成為本地最大的出口項目。

重點

**戰後香港逐漸發展為以出口工業製成品為主的經濟體系。**

### ·戰後香港工業發展的六個階段（1947 - 1990）·

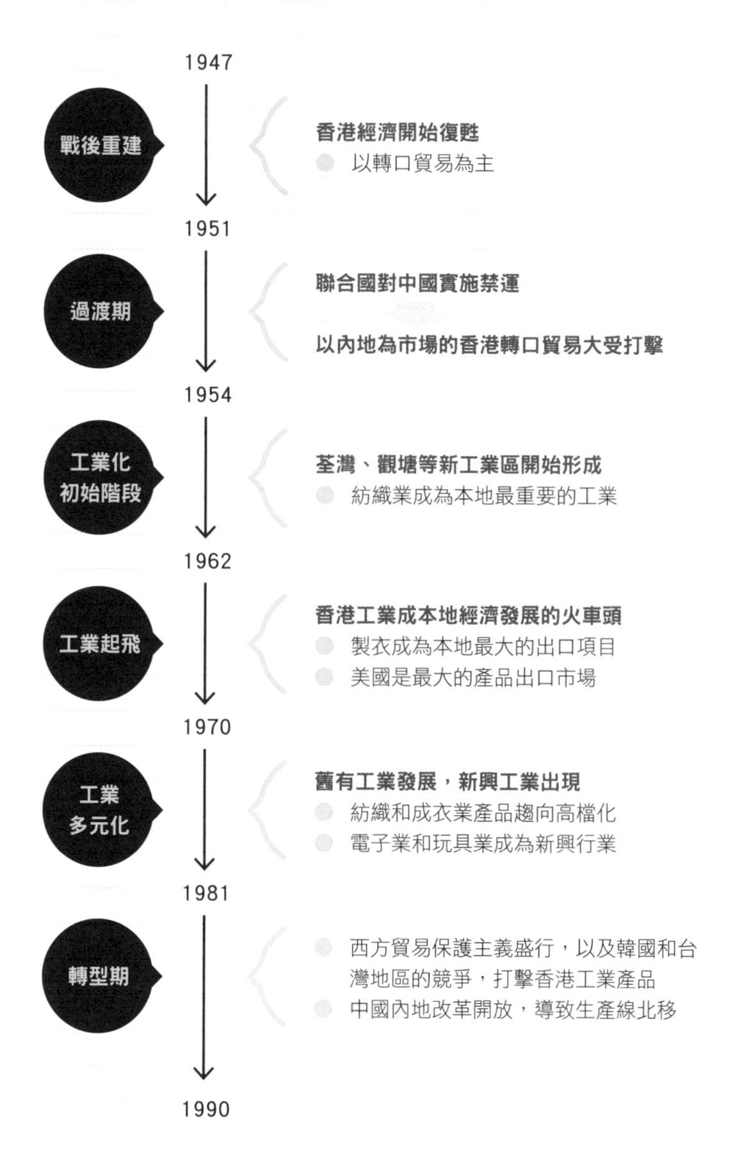

7.5

# 住不下去了！公共房屋的誕生

## 戰後房屋供應問題日趨嚴重

戰後，由於內地政治前景不明朗，**大量內地移民湧到香港**，造成**非法寮屋**在市區外圍廣泛擴散。當時港府對房屋市場採取不干預政策，但為紓緩日見惡劣的居住問題，1951 年，政府向香港房屋協會提供 250 萬元的貸款和建築用地，次年又幫助香港平民屋宇有限公司建造了 1,500 幢平房，為居民提供租金低廉的居所，但仍未能有效解決寮屋問題。

## 石硤尾大火催生徙置區計劃

1953 年聖誕夜，**石硤尾寮屋區發生大火**，導致 53,000 人無家可歸。港府迅速興建大量低標準、低成本、低租金的**徙置大廈**安置災民，並開始撥款為寮屋區居民及低收入人士興建**徙置區**和**廉租屋**。至 1950 年代末，12 個徙置屋邨陸續建成，當中除了一個位於港島柴灣外，其餘均位於九龍。總計在 1954 至 1973 年間，港府共建造了 234,059 個單位，為超過 100 萬人提供居所。

## 早期徙置房屋的特點：簡陋

1950 年代的徙置房屋設計非常簡陋，**僅為滿足棲身需要**，個別單位並無獨立廁所及浴室，也無正式社區和康樂設施規劃，但各戶的關係十分密切。為滿足大量適齡學童的需要，徙置區頂層還設置不少簡陋的「天台小學」。

由於當時政府並不直接為居民提供社會福利設施，民間慈善組織如救世軍、天主教會多租用大廈底層，甚至利用有篷貨車組成流動服務中心，向居民提供服務。至 1960 年代，港府在規劃屋邨時，才首次嘗試提供一些基本生活設施（如公共交通總站和標準小學校舍），並把大廈底層預留作為商業和社會福利用途。

重點

**寮屋區問題是推動戰後港府公共房屋政策的重要因素。**

## ·香港政府推行大規模徙置計劃的原因·

**1 解決火災和衛生問題**
- 戰後大量移民湧入香港，在市區邊緣搭建寮屋。

**2 政府財政出現盈餘**
- 港府有能力撥出更多資源推行徙置計劃。

**3 維持政府財政收入**
- 拍賣土地使用權給政府帶來巨大財政收入，所以不可能大量批地讓私人發展商供應房屋。

**4 利於小型工業企業發展**
- 清拆寮屋區可增加工業用地。

**5 為企業提供穩定勞工**
- 向工人提供廉價住所，可為本地製造業提供廉價穩定的勞工。

**6 解決部分衛生問題**
- 徙置房屋符合政府衛生與公共秩序要求，可培養居民注重公共衛生的習慣。

notes.

於 1967 - 1971 年間落成的華富邨，是首個規劃成自足社區的公共屋邨，設有商場、學校、巴士總站，以及其他社區配套設施。

# 普及教育、去國族化，教育再「進化」

## 「統一學制計劃」的實施

二戰後，大量內地移民攜眷湧入香港，適齡兒童失學問題異常嚴重，大量以牟利為目的的私校應運而生，但質素良莠不齊，必須予以監管。

香港工業漸次發展，對接受過基礎教育的勞工的需求日漸增加，促使港府擯棄過去低限度承擔教育經費的原則，以普及教育取代「精英教育」。

1951 年，港府發表《菲莎報告》（Fisher Report），並開始實施統一學制計劃。

**·《菲莎報告》的主要內容及其影響·**

| | 內容 | 影響 |
|---|---|---|
| 1 | 戰後大量移民湧入香港，在市區邊緣搭建寮屋。 | 紓緩小學學額不足 |
| 2 | 政府補貼民眾開設私立學校。 | |
| 3 | 發展工業教育、成人教育與師範教育。 | 建立以治理投資為主的新式教育體制 |
| 4 | 建議政府多建現代化新式校舍和教育設備。 | |
| 5 | 加強學校行政，鼓勵課外活動。 | |
| 6 | 建議教育司署擁有獨立辦公大樓，增加行政人員及重新改組。 | |
| 7 | 盡量以中文授課，小學三年級起教英文。 | 切斷香港學校與內地的聯繫 |
| 8 | 舉行小學會考，由政府發小學畢業文憑。 | |

## 「去國族化」的中文教育政策

1949 年後，內地推行教育改革，藉此宣揚共產主義和民族思想，對英人的殖民統治構成威脅。對此，殖民地掌權者必須要在香港和內地之間劃清界線，同時亦須密切關注台灣的活動，避免本地華人產生強烈反共意識，損害英人在港利益。

自開埠以來，港府無意消滅中國文化，只希望把華人文化吸納改造，成為維持殖民統治的助力。戰後港府延續

戰後初期的教育改革，使香港教育體制與內地出現明顯差別。

此文化政策，採取**「去國族化」**的方針改革香港學校的課程，使香港的教育系統跟中國內地和台灣區別開來，**避免本地華人對內地或台灣政權產生認同**。

1953 年，港府成立專責委員會，強調中文教育應把重點改為培養母語的溝通表達能力，以及訓練年輕人明白和欣賞中國思想、文學和傳統。為切斷香港學校與中國內地的聯繫，首次舉辦**中文中學會考**，並加強對**教科書的審查**，頒佈准用書目。其後逐漸把中文教科書**在地化**（localize），鼓勵本地出版社按照政府的標準編寫教材。

**·香港教育經費及比例（1951 - 1966）·**

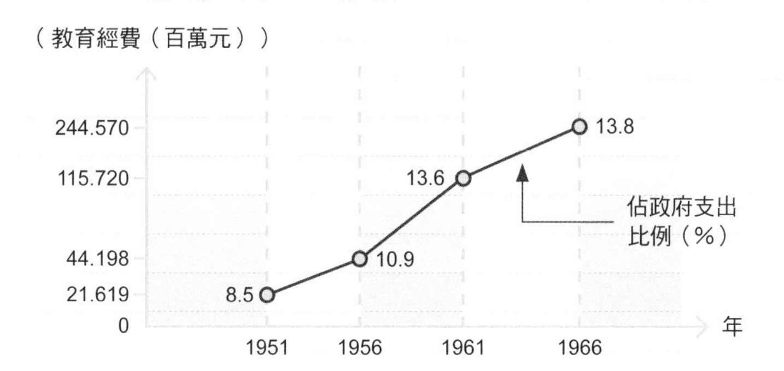

港英政府的教育政策不排除中國文化，卻不願意香港學生對內地政權產生認同。

# 局勢不穩的六十年代

## 1960 ▼ 1969

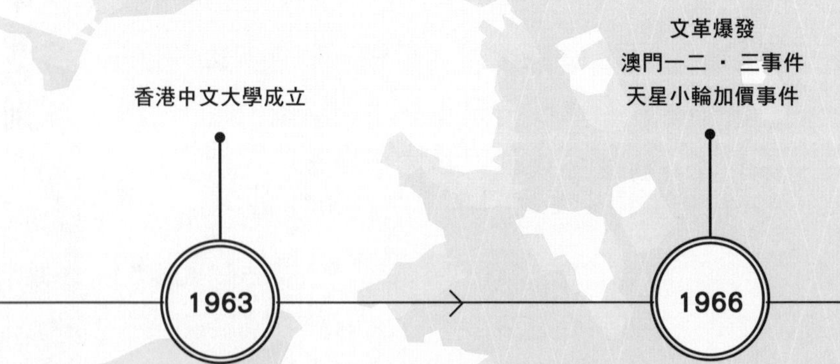

●踏入 1960 年，內地與香港關係步入穩定發展階段。

● 1950 至 1960 年代，
內地及東亞地區的資金持續流入，
香港工業、金融業欣欣向榮。

●內地人口大量湧入，
使香港基本公共設施嚴重不足。

●港府與普羅民眾之間的巨大隔膜，
成為天星小輪加價事件爆發的基本背景。

●隨着內地「文化大革命」的爆發，
香港左派人士發動了「反英抗暴」鬥爭（「六七暴動」），
最後鬥爭失控，引起市民反感。

●天星小輪加價事件與「六七暴動」，
喚醒了港府的危機意識，促使港英官員認識到，
必須盡快全面調整統治策略，爭取民眾支持，
這成為後來「麥理浩時代」改革的重要背景。

「六七暴動」
· 左派受打擊

1967

8.1

# 人口！大量的人口！

## 戰後香港人口迅速增長

二戰後至 1960 年代末期，大量內地移民前來香港定居，使香港人口從 1945 年的 60 萬增加到 1967 年的 387 萬。從 1947 到 1950 年，約有 200 萬人經深圳逃到香港。1957 年以後，由於內地經歷「大躍進」及「三年困難時期」，大批內地民眾再度偷渡到香港。估計從 1950 到 1970 年的 20 年中，內地逃港的民眾達到 90 萬。大量新移民為香港勞動密集型輕工業的發展（見 7.4）提供了**廉價優質的勞動力**，但也造成本地**住屋、教育、就業、醫療等問題日益嚴峻**。

| 年份 | 總人口數 | 年份 | 總人口數 |
|---|---|---|---|
| **1945** | 約 600,000 | **1960** | 3,128,200 |
| **1947** | 1,800,000 | **1965** | 3,722,600 |
| **1949** | 1,860,000 | **1967** | 3,877,700 |
| **1950** | 2,060,000 | | |

## 戰後土生人口比例增加

與戰前隻身來港謀生的移民相比，戰後移民的男性多帶同妻兒，令本地男女的人口比例逐漸平衡。此外，這時期的移民大多數是處於生育年齡的青壯人士，定居香港後即組織家庭。當時民眾普遍缺乏節育觀念，加上醫療條件的改善，降低了嬰兒的夭折率，導致**戰後本地出生人數比例大幅增長**，**青少年人口**的比例也大大提高。

## 職業結構的改變

新蒲崗和觀塘在 1960 年代成為新興的工業中心，從事**製造業**的人口也大幅增加，從 1931 年的 23.7% 增至 1961 年的 39.92%；同時期的漁農業人口比例則從 13.7% 降至 7.35%。由於工廠數目的增加，不少婦女外出工作，**女性職業人口**的比例上升，1961 年女性佔職業人口的 28.67%，1966 年該比例增至 32.89%，逐步打破了過去華人社會「男主外，女主內」的家庭觀念。

**戰後香港人口的迅速增長，使香港社會出現巨大的改變。**

## ·1931 年與 1961 年香港人出生地比較·

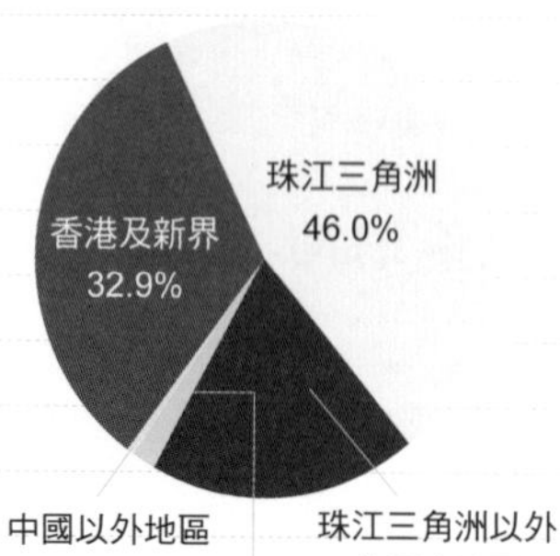

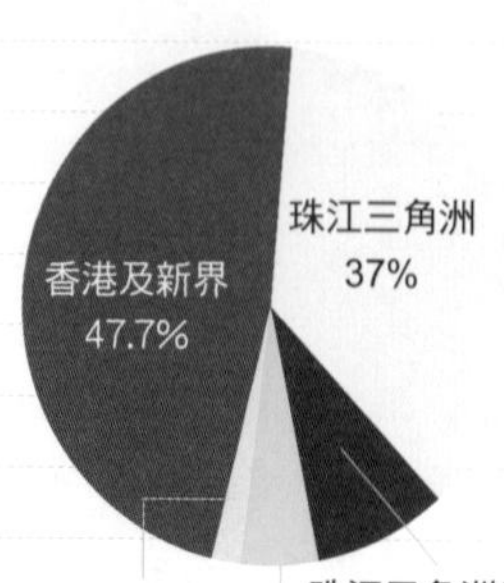


＊香港本地出生人口比例上升。

由於 1949 年後中港邊境的封閉，戰後移民及其後土生土長的香港人，與上一輩相比，與內地的聯繫相對較弱，加上兩地人成長經歷差異極大，這對日後香港人身份認同的建構，起了重要的影響。

# 那一年，香港中文大學成立

## 戰後初期的專上教育需求大、供應少

香港早期的大學教育，主要以培養大英帝國所需的人才和傳播西方文化為目標。戰後大量內地年輕難民湧入香港，擴大了對專上教育的需求。1952 年，「凱瑟克（賈士域）報告書」發表，提出**大學的發展必須照顧香港社會的需要**；香港是一個靠近中國內地的華人社會，**高等教育應培養精通中西文化的人才**，為鞏固香港在遠東的地位而服務。

1949 年內地政局轉變，不少知名的知識分子寓居香港，在港開辦各類專上院校。據調查，這類學校共有三十多

所，但質素良莠不齊，大多只開辦短期商科課程。至於開設四年制文商專上課程的則有九所，包括日後組成香港中文大學的三所書院——**崇基**、**新亞**、**聯合**。當時不少專上院校已多次要求港府承認其合法地位，但都遭拒。

### ·香港中文大學建立初期的三間成員書院·

**新亞書院**

——創辦——

1949年10月由錢穆、崔書琴等學者創辦。

——目標——

保存及發揚中國傳統的人文主義精神。

——課程——

較注重文史科目。

**崇基學院**

——創辦——

1951年，由教會領袖倡辦。

——目標——

繼承西方基督教會在華的辦學精神。

——課程——

初只設外國語文、經濟及工商管理、社會及教育三系，1953年增設中文系。

**聯合書院**

——創辦——

成立於1956年。

——課程——

初期只設文、商兩學院，較注重應用科目。

## 中大成立經過

1956 年 10 月九龍暴動（見 7.3）事件後，港府意識到英國在亞洲的勢力隨着非殖民化而日益減退，傳統殖民地大學政策不易維持，若繼續拒絕給予大專院校正式地位，可能會觸發強烈的民族情緒及政治影響，不利於殖民統治。

### · 香港中文大學成立時間線 ·

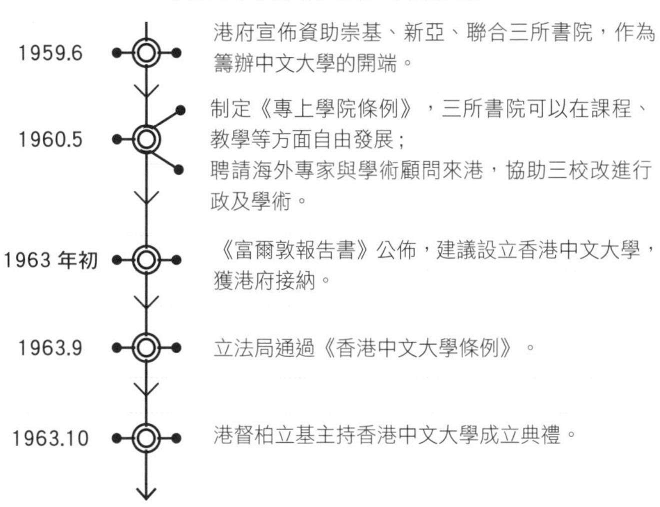


中文大學成立初期，校方設有入學試，直到 1979 年入學試移交香港考試局辦理，成為公開考試，並改稱為**「香港高等程度會考」**。

*notes.*

「凱瑟克（賈士域）報告書」曾建議香港大學開設以中文為授課語言的文理課程，但卻遭到港大拒絕。

8.3

# 左派力量全速前進

中華人民共和國的成立，加上中共在香港「團結一切可能團結的人」支持新中國建設的政策，激起了港人的愛國熱情；相反，港英政府的種族歧視政策，以及貪污風氣的盛行，都促成**1950至1960年代左派力量的迅速發展**。

## 左派報刊的黃金時代

共和國建立初期，左派報人按照中共領導人周恩來的指示，為**《文匯報》**、**《大公報》**、**《新晚報》**等左派報刊在香港爭取生存空間。左派報人知道辦報必須迎合港人的需要，達到團結愛國人士的目標，遂創辦**《香港商報》**，首次在頭版刊登本地新聞，又增設「小說」、「馬經」、「社會服務版」等。《新晚報》則邀請陳文統（梁羽生）、查良鏞（金庸）撰寫新派武俠小說刺激銷路。據 1967 年 10 月港府政治部的報告，當時九份左派報紙每日的流通量合共超過 40 萬份，佔全港報紙流通量的四分之一。

## 愛國學校的蓬勃發展

戰後香港中、小學學額嚴重不足，促成了**愛國學校**的蓬勃發展。本地傳統的愛國學校，以培僑、香島、漢華、勞工子弟學校、中華中學（1968 年因發生學生製造炸彈事件而被港府下令取銷註冊）為首，全盛期達 30 多家。愛國學校一般教學嚴謹、校風良好、學費低廉，吸引不少家長為子女報讀。

## 左派工會力量的壯大

戰後香港物價飛漲，工人生計窘乏。當時港府並未積極立法保障勞工福利，團結工人的工會遂發展壯大。**左派工會積極維護工人權益**，組織各種文教及康樂活動，深受工人階層擁戴，為屢被指責偏袒資方及傳出貪污醜聞的右派工會所不及。

## ·早期香港四大愛國學校·

——創辦時間——

1946 年

——招收對象——

初時是東南亞的華僑子弟，後以本地生和僑鄉學生為主。

——經歷風波——

1958 年校長杜伯奎被港府以從事政治活動為由遞解出境。

——創辦時間——

1946 年

——招收對象——

多來自社會低下階層。

——經歷風波——

被港府勒令停辦 7 間勞校。

——創辦時間——

1945 年

——經歷風波——

險被撤銷註冊。

——創辦時間——

1945 年

——經歷風波——

1950 年，首任校長盧動因校內掛國旗唱國歌而被港英政府遞解出境；校舍曾被右派暴徒焚毀。

notes.

入讀左派學校的學生大多來自社會低下家庭，飽歷洋人欺侮，眼見官僚貪污腐化，在愛國主義教育的薰陶下，容易成為左派陣營的支持者。

# 天星小輪加價事件（九龍騷動）

## 香港長期潛伏的社會矛盾

1950 和 1960 年代，在經濟繁榮和社會穩定的表象下，香港隱伏着勞苦大眾的艱難困苦。工商界擔心勞工成本上漲會導致香港競爭力下降，港府遂**沒有積極立法保障工人權益**；民眾亦與政府**缺乏溝通**，不少政府官員**貪污成風**，加深了居民對現狀的不滿。

步入 1960 年代，物價飛漲，平民百姓深感生活壓力巨大。1965 年初，廣東信託銀行擠提，引發股災，對工商業帶來打擊。同年英國宣佈進一步限制香港紡織品輸往英國，本地紡織業出現收縮現象。

## 騷亂的爆發

1965 年 11 月，**天星小輪申請加價**，引起社會輿論反對。市政局民選議員葉錫恩發起民眾**反加價簽名運動**。1966 年 4 月 4 日，青年蘇守忠在港島天星碼頭以絕食方式抗議渡輪加價，次日被捕，引發其他抗議者舉行示威。4 月 6 日上午蘇氏被控「阻街」提堂，晚上**九龍市區發生暴動**，警方施放催淚彈鎮壓，凌晨在九龍實行**宵禁**。次日晚上暴動持續，警方開槍**射殺**一名參與破壞的民眾。宵禁延續至9日晚上結束，其間警方共拘捕 1,465 人，被控告者共 905 人。12 日葉錫恩向政府遞送一份 11 萬餘人簽名反對加價的呈文，但政府置之不理，批准加價。

事後港府組織四人調查委員會，探究騷亂起因。其中天星碼頭抗議事件的參與者盧騏指稱他在拘留期間被警方毆打，又逼迫他捏造葉錫恩收買他發動遊行的口供。

1967 年 3 月，盧騏被發現吊死於徙置區寓所內，不少人都不相信他是死於自殺。

重點

**戰後香港社會的不穩定是導致騷亂的基本原因。**

## ·1966年九龍騷動調查委員會報告書·

- 警方採取「持重」的措施，有效遏止暴動

- 政治、經濟及社會方面的不滿情緒爆發

- 輿論流於偏激
- 葉錫恩的反加價行動

- 政府與民眾隔閡
- 政府職權過於集中，對市民的真正問題漠不關心

- 廣闢政府與民眾的傳達路線
- 注意青少年問題，增加青年福利和康樂設施

- 偏袒港英政府
- 建議加強官民溝通
- 提醒關注青少年問題，具遠見

8.5

# 「六七暴動」

1966 年內地爆發**「文化大革命」**，官方大力宣傳毛澤東思想和世界革命，引發群眾盲目排外。香港左派由於長期受到港英政府的壓迫，在內地**「極左」思潮**影響下，掀起濃烈的抗爭意識。

## 澳門「一二·三事件」

1966 年末，澳門氹仔坊眾因辦學需要而擴充校舍，引發衝突和示威活動，期間澳葡警察開槍鎮壓，造成八人死亡。廣東省主要領導人示堅決支持澳門華人的抗爭，最終澳葡政府全面妥協。事件大大打擊了澳葡政府的管治威信，**鼓舞了香港左派人士對港英政府的鬥爭情緒**，而港英政府則**決定採取強硬態度**對抗左派的抗爭活動。

## 香港新蒲崗人造花廠事件

1967 年 4 月，九龍新蒲崗人造花廠發生勞資糾紛。事件醞釀至 5 月 11 日，雙方再次發生衝突，導致一名少年喪生。中國外交部向英國代辦處遞交抗議聲明，左派人士組成**「香港各界同胞反英抗暴鬥爭委員會」**（簡稱**「鬥委會」**），內地各城市紛紛舉行聲援香港左派的群眾集會。

## 「花園道血案」

新華社發動左派人士到港督府遊行示威，數千名左派民眾包圍港督府。5 月 22 日，左派民眾與警方在中區花園道口發生衝突，港府隨即宣佈在港島實施**戒嚴令**，並頒佈**《緊急法令》**。衝突中警察開槍打死一人，數十人被捕。

為迫使港英政府屈服，左派人士號召舉行**罷工**與**罷市**，港府隨即解僱參與罷工的 1,650 多名政府工人。警方又多次圍攻各個左派工會及左派社團據點，搜捕並嚴刑虐打工會人士，拘禁左派陣營具有影響力的人物。

## 沙頭角事件及反英鬥爭的持續升級

「花園道血案」後，**中英邊界氣氛漸趨緊張**。7月8日上午，沙頭角港方居民到中方境內參加集會後，途經沙頭角警署時，向警署投擲石塊及魚炮。警察向群眾開槍，中方民兵跨過邊界，開火掩護民眾撤離，造成四名港英軍警死亡。8月，文錦渡左派運輸工人包圍警局，奪去部分軍械，後由港英官員簽署「認罪保證書」領回。

自7月起，部分激進的左派人士在未得到北京方面支持的情況下，到處放置**炸彈，惹起市民的反感**，後來更燒死極力挖苦左派的商業電台播音員**林彬**。8月，港府查封《田豐日報》、《香港夜報》、《正午報》三家左派報紙，並逮捕記者。

至 1967年底，在中共高層領導人周恩來的施壓下，香港左派偃旗息鼓，持續數月的事件始告結束。

重點

香港社會的內部矛盾和內地文革思潮的影響，是事件爆發的主要原因。而左派人士的激進行為，最終令他們的抗英鬥爭失去廣大市民的同情和支持。

### ·港英政府處理「六七暴動」的對策·

| 對策 | 影響／效果 |
| --- | --- |
| 1 摸清中國政府立場 | 對左派先容忍後鎮壓<br>避免挑起中英衝突 |
| 2 逮捕左派要人<br>3 查封部分左派報刊 | 迫使其他左派報刊收斂 |
| 4 動員精英支持政府<br>5 發動宣傳戰<br>6 鼓舞警察士氣 | 抹黑左派 |

notes.

「花園道血案」後，中共領導人周恩來召見港澳工委負責人，強調「在香港問題的鬥爭」要「有理、有利、有節」，可是始終未能緩和香港左派民眾的抗爭情緒。

8.6

# 「六七暴動」的影響

## 港府落實改革緩和社會矛盾

早在 1950 年代，不少居港的英國人已對香港的勞工、住屋等問題予以批評，但港府對這些批評反應遲緩。天星小輪加價事件與「六七暴動」，喚醒了港府的危機意識，促使港英官員認識到必須盡快**全面調整統治策略，爭取民眾支持**。

1968 年起，港府開始全面**改革勞工法例**，縮短工人的工作時間；又擴大工人保障範圍並提高賠償金額， 女工可享有產假。

此外，港府亦主動改變過去的**福利政策**，擴大財政支出，改善市民生活。1972 年港督麥理浩宣佈推行「十年建屋計劃」，1971 年實行免費小學教育，1978 年開始推行九年免費教育。同時，港府亦建立新機制**加強官民溝通**，於 1968 年在港島和九龍設立十個民政主任辦事處，負責向市民解釋政策，組織青年活動；又於 1970 年擴大兩局非官守議員辦事處，方便議員處理市民的申訴；更在 1974 年成立廉政公署打擊貪污。

## 左派力量受到嚴重打擊

部分激進的左派人士在「六七暴動」期間的行為引起市民反感。事後港英政府加緊實行宣傳與歧視政策，徹底**「妖魔化」左派**，使左派形象進一步受損。

另一方面，左派陣營在 1970 年代採取「閉關自守」政策，不積極參與社會事務。左派工會抵制勞工顧問委員會等港府所組織的勞工諮詢架構，使無政治背景的獨立工會（如基督教工業委員會）得到發展機會。

「六七暴動」加速了香港社會的改革。

### ·「六七暴動」中各方關係圖·

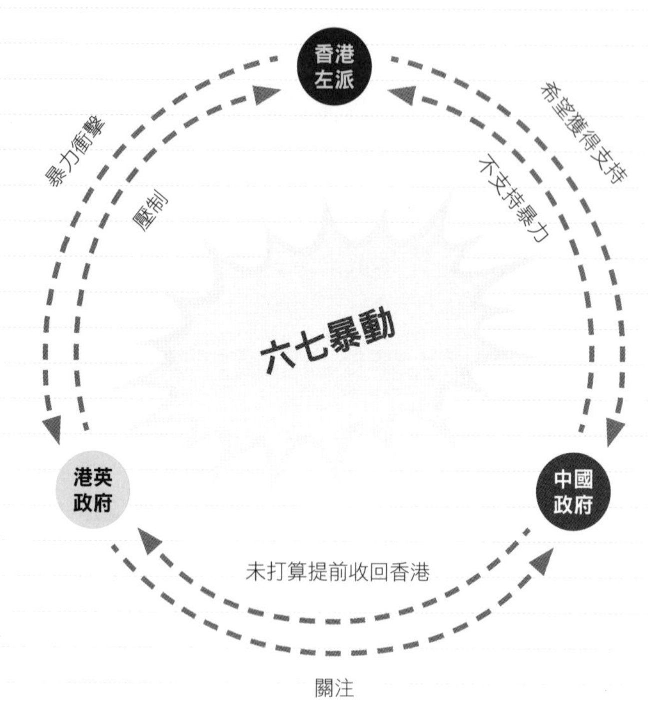

notes.

- 副輔政司姬達指出：「暴動後被證實是香港社會發展的轉捩點，它使香港政府關注本地人的需要，它也是70年代發生的巨大變化的催化劑。」
- 「六七暴動」加速了香港社會的改革，卻不是改革唯一的原因！

8.7

# 不能不管的金融業

## 戰後香港金融市場的繁榮

1945 年香港重光後，華資及外資銀行陸續復業。從 1946 年起，由於大戰期間積壓下來的僑匯以香港為轉遞的總樞紐，加上國共內戰，以及東南亞部分地區政局動盪和出現排華風潮，**這些地區的資金大量流入香港**，導致香港金銀炒賣、證券及地產市場空前興旺。

## 銀行業的發展

戰後，香港「銀行」數量急速增長，但不少都只是從事**投機活動**的公司，促使港府決定對銀行業進行管制。

1948 年 1 月，港府頒佈**《銀行業條例》**，規定金融機構必須持有政府發出的銀行牌照，才能使用「銀行」名稱並經營業務。

隨着製造業與地產業的興盛，外資銀行及華資銀行紛紛增加對製造業及房地產業的貸款，並開拓服務一般市民的零售銀行業務。1950 年代後期，銀行為爭取業務，不惜以提高存款利率和降低貸款利率的手段來吸引客戶，導致支出利息成本上漲，誘使銀行把貸款投向風險高但收益大的股票及地產投資項目上。

## 1960 年代的銀行擠提風潮

1961 年 6 月，廖創興銀行出現擠提風潮。1964 年，港府修訂《銀行業條例》，立法**規定銀行的最低資本額、流動資產對存款比率**等項目。1965 年初，明德銀號因擠提而宣佈破產，風潮蔓延到恒生銀行等華資銀行。恒生銀行與滙豐銀行達成協議，出售 51% 股權予後者，始能渡過難關，滙豐銀行在香港銀行零售的壟斷優勢由此奠定。

1965 年銀行危機後，港府停發銀行牌照，結果外資銀行要進入香港市場，只有通過入股或者兼併本地銀行；另一方面，實力不足的本地銀行也歡迎外資加入。結果令不少香港銀行被外資銀行控制或兼併。

## ·戰後港府對銀行業的監管（1948 - 1965）·

港府對策

| 銀行業危機 | | 港府對策 |
| --- | --- | --- |
| **1945 - 1948**<br>「銀行」數量增加不少，但多半僅從事投機業務 | VS | **出台《銀行業條例》**<br>**具體做法：實行頒發執照制度**<br>● 監管銀行簽發牌照和管理工作 |
| **1961.6**<br>廖創興銀行擠提事件 | VS | **立法限制銀行活動**<br>**具體做法：規定銀行最低資本和流動資金比率**<br>● 限制股票及地產投資 |
| **1965**<br>華資銀行擠提風潮 | VS | **多管齊下解決危機**<br>**具體做法：**<br>● 從英國空運英鎊應急<br>● 安排滙豐、渣打救急<br>● 停發銀行牌照 |

**結果**
- 滙豐銀行奠定香港銀行零售的壟斷地位
- 香港不少銀行被外資銀行控制或兼併

**重點**

**一九六〇年代的銀行擠提風潮，迫使港府加強對本地銀行業的監管。**

# 社會急速發展的七十年代

## 1970
## 1979

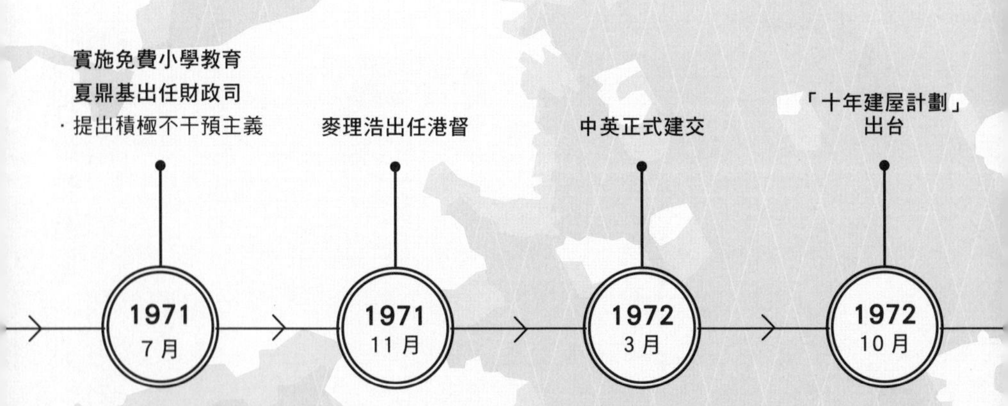

## 大事記

● 1970 年代，港督麥理浩投入更多公帑進行民生建設，
大大改善了本地居民的生活。

●「麥理浩時代」所推行的改革，
有效提高了華人社會對本地公共事務的參與，
強化了港人「家在香港」的感覺。

●土生土長的港人長期與中國內地分隔，
對國家產生疏離感，
在西方文化的影響下，
形成一套有異於內地的生活模式及價值觀，
構成 1970 年代以後香港「本土意識」的主要內容。

●這種意識的持續發展，
構成回歸後香港與內地矛盾的根源。

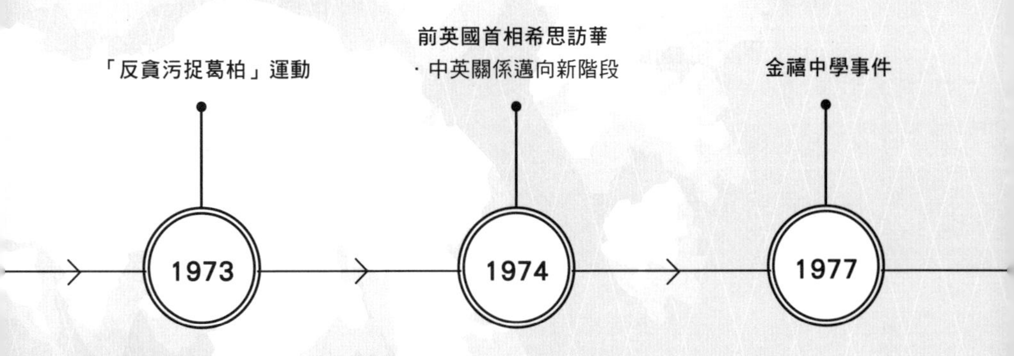

9.1

# 是時候改革了

## 英國殖民帝國的終結令港府自主權增強

二戰後大英帝國逐步解體。1968 年英國政府將原來負責殖民地事務的殖民地部（Colonial Office）併入外交部，標誌着英國殖民帝國的終結。戰後香港事務漸趨複雜，倫敦方面無暇事事兼顧，港府的自主程度得以提高。至 1960 年代末期，港府更得到**財政自主權**，得以自行分配財政支出。

二戰後英國工黨執政，實施全民保健、中小學免費教育及向失業者發放救濟金等福利政策。1964 年，工黨引入新的反種族歧視、反性別歧視法律。**英國本土的改變，也對港府重視民生的改革方針構成影響。**

## 中英關係的改善

「六七暴動」（見 8.5）後，中國政府恢復文革前維持香港穩定的做法，令香港部分左派人士收斂激進行徑。步入 1970 年代，**中英關係持續改善**。1971 年英國委派出身外交部的麥理浩出任港督，顯然有改善中英關係的意圖。次年中英兩國**建立大使級外交關係**。1974 年前英國首相希思（Edward Heath）訪華，標誌着中英關係的發展邁向新階段。

在中英關係不斷改善的前提下，英國相信在香港的管治可以維持較長的時間，更有信心因應本地發展的需求，在香港進行改革，作為未來與中國政府就**香港前途談判的籌碼**。

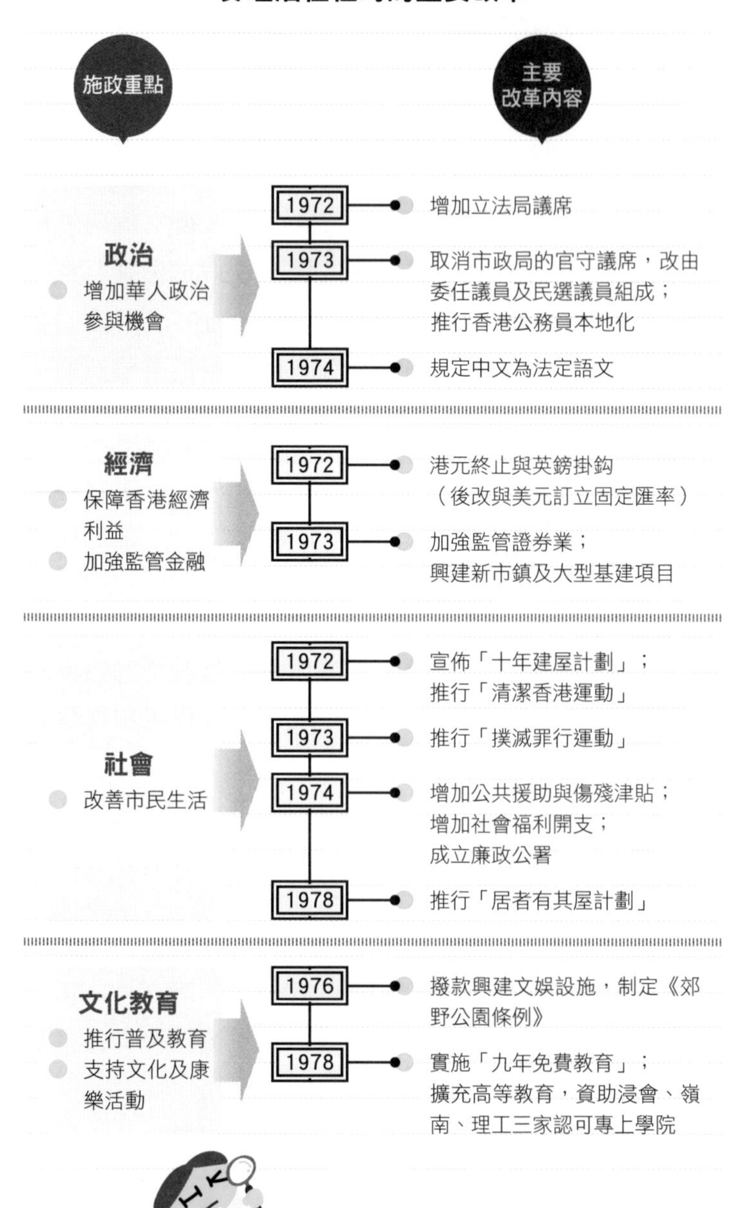
·麥理浩在任時的主要改革·
施政重點
主要
改革內容
政治
增加華人政治參與機會
1972
增加立法局議席
1973
取消市政局的官守議席，改由委任議員及民選議員組成；推行香港公務員本地化
1974
規定中文為法定語文
經濟
保障香港經濟利益
加強監管金融
1972
港元終止與英鎊掛鉤（後改與美元訂立固定匯率）
1973
加強監管證券業；興建新市鎮及大型基建項目
社會
改善市民生活
1972
宣佈「十年建屋計劃」；推行「清潔香港運動」
1973
推行「撲滅罪行運動」
1974
增加公共援助與傷殘津貼；增加社會福利開支；成立廉政公署
1978
推行「居者有其屋計劃」
文化教育
推行普及教育
支持文化及康樂活動
1976
撥款興建文娛設施，制定《郊野公園條例》
1978
實施「九年免費教育」；擴充高等教育，資助浸會、嶺南、理工三家認可專上學院

重點

英國政策的改變、中英關係的改善，以及香港社會的發展需要，為改革營造了有利的外部環境。

## 香港社會發展呼喚公共服務

戰後香港**人口大幅增加，經濟不斷發展**，對公共服務需求龐大。戰後普及教育推行，提高了市民的知識水平及對自身權益的認知，增加了他們對政府施政質素的要求，迫使政府在維持管治的前提下，投入更多資源改善民生。

notes.

麥理浩在任期間，曾獲邀出席新華社香港分社主辦的國慶酒會，更在毛澤東逝世後參加弔唁。

9.2

# 聆聽民生的行政改革

## 「行政吸納政治」模式的局限

自開埠以降，港英政府往往會主動把社會**精英分子**吸納到政府決策過程中，消解社會上抗衡性政治勢力的出現與成長，是為**「行政吸納政治」**。其作用有二：一是可加強與華人社會的溝通，二是擴大了政府施政的認受性。

「行政吸納政治」有「形式的」和「非形式的」兩個面向：「形式的」是指香港的議會和半議會組織（如行政局、立法局、市政局等），政府通過委任社會精英出任議員，讓他們有限度地參與政府決策過程；「非形式的」

是指政府建立行政諮詢架構（如各部門的諮詢委員會）搜集民意。但在 1970 年代以前，政府各議會所委任的議員大多是本地世家大族或新興的經濟精英，**未能完全代表香港市民**。

## 「草根層」的行政改革

「六七暴動」（見 8.5）後，為兼顧社會**中下層的聲音和意見**，港府設立**「民政署」**（今民政事務處）和「民政主任制度」（今民政事務專員），加強與基層民眾的接觸。**「民政主任制度」**負責為各社區提供資源，解決地方問題，為港府搜集民意。民政署亦舉辦各種聚會，邀集區內的民間領袖（如街坊會、互助委員會主席）與行政官員討論區內事務；又確立在推行重大改革措施前，發表「綠皮書」和「白皮書」徵詢民意的**諮詢模式**。

麥理浩時代港府更**大量委任各階層華人出任立法局非官守議員**。立法局的華人議員人數由 1950 年的不足 50% 增至 1982 年的接近 80%。

1970 年代港府的行政改革，客觀上卻喚醒了普羅市民對地區事務的關注，也逐步淡化了港英政府殖民統治的色彩，營造出「開明」與「關注民生」的新形象。

加強政府與基層民眾的直接聯繫，是港府實施行政改革的目標。

## ·開埠以來港府如何漸次吸納社會精英？·

| 時期 | 「行政吸納政治」舉措 | 目標對象 |
| --- | --- | --- |
| 開埠初 | 立法局設委任與非官守議席 | 本地外籍商界精英 |
| 1870 至 1920 年代 | 在立法局設華人委任議席 | 接受高等教育的華人精英；<br>華人商界精英 |
| 1920 至 1930 年代 | 增設華人行政局議席 | 大罷工時擁護港府的華人商界精英 |
| 二戰後至 1960 年代 | 增加立法局華人非官守議員席位；<br>擴充市政局的委任及民選議席 | 華人的工商界精英 |
| 1970 年代 | 擴大立法局席位<br>設各區民政主任辦事處<br>擴大兩局非官守議員辦事處<br>大量增加諮詢委員會 | 華人專業人士與社區領袖 |

1973 年麥理浩宣佈終止過去太平紳士和香港總商會必然有代表進入立法局的慣例，委任張有興兼任立法局議員，開市政局民選議員進入立法局的先例。

9.3

# 香港人需要更多房子

## 十年建屋計劃：150 萬人有屋住

戰後香港人口持續劇增，公共房屋供不應求。「六七暴動」後，港府對社會問題更為關注。1972 年麥理浩提出**「十年建屋計劃」**，旨在為 **180 萬**香港居民（即接近總人口的 40%）提供公共房屋單位。次年港府重組原有的公營房屋組織，成立**房屋科**，負責管理現有公屋及規劃未來公共屋邨發展。為加速發展新市鎮，港府決定在較偏遠的地點興建公共屋邨，把市區人口分散至新界各區。可惜直到 1982 年，實際建屋量仍距離目標甚遠，港府決定將計劃延長至 1987 年。這個計劃完結後，共建成可供 150 萬人居住的單位。

## 居者有其屋計劃：低收入家庭得到置業的機會

隨着香港經濟的發展，市民經濟狀況得到改善，不少公屋居民均有自置物業的意願，加上輪候公屋的居民增加，政府為讓更多有需要的家庭獲得公屋單位，於 1976 年推出**「居者有其屋計劃」**（居屋計劃），旨在**協助中低收入家庭和公屋租戶擁有自己的物業**。到 1978 年，首期居屋計劃推出六個屋苑。為加快興建居屋的速度，政府更與部分私人機構合建居屋。及至 1980 年代，全港有 240 萬人居於各類公屋，約佔總人口的 44%。

## 富戶政策：救窮不救富

公屋單位是由政府資助的福利項目，租金極低，以致供不應求。政府於 1987 年推行公屋住戶資助政策（初級富戶政策），削減向經濟條件較佳住戶的資助，規定居於公共房屋十年以上，因收入超出限額而被界定為「富戶」的住戶，繳交**雙倍租金**，故又俗稱「雙倍租政策」。

- 麥理浩上任時提出：「房屋的質素欠佳及供應短缺，及其所帶來的含意和由此而來的惡劣後果，是政府與市民矛盾和不快的主要源頭。」
- 1970 年代，香港經濟平均每年增長 10%，使政府能夠負擔龐大的公屋項目。

重點

**香港政府是本地房屋市場的最大供應者。**

## ·香港公共房屋的發展（1950 - 1989）·

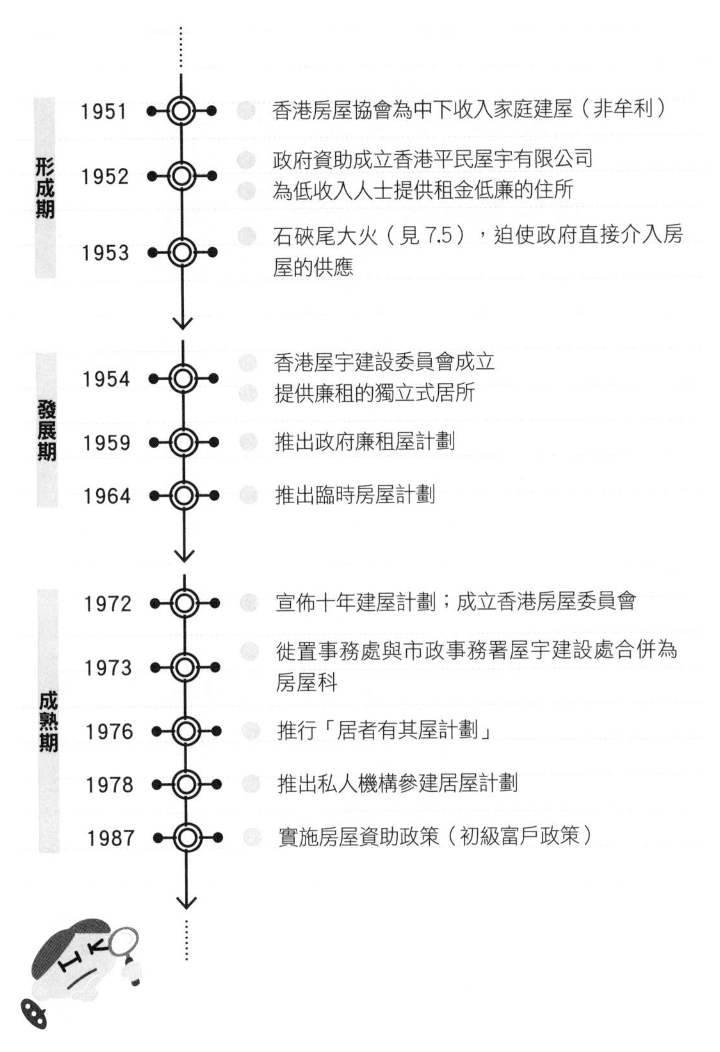

9.4

# 拒絕貪污！廉政公署成立

## 戰後香港貪污風氣盛行

開埠以來，香港貪污風氣盛行，**早期港英政府防範不力**，肅貪往往流於把肇事者撤職了事。此外，殖民政府與市民存有很大的隔膜，廣大市民不理解政府的運作機制，又因不懂英語而要找中間人辦事，為中下層公務員的貪污提供了機會。戰後港府雖然在警隊內設立反貪污部，但所謂「自己人查自己人」，力度有限，**警隊內部更出現有組織的貪污行為。**

## 葛柏案催生廉政公署的成立

「六七暴動」後，港府關注香港的貪污問題。1970 年港府頒布**《防止賄賂條例》**，規定任何公職人員因索取或接受任何利益，而作出不當行為者即屬犯罪。**英籍警司葛柏**（Peter Fitzroy Godber）於1973年涉嫌貪污，被調查期間潛逃英國。民間發起「反貪污、捉葛柏」的大遊行，要求政府緝捕葛柏歸案。麥理浩成立調查委員會，徹查葛柏逃脫原因及檢討當時的反貪工作。結果，報告提出政府必須設立**獨立的反貪污部門**，才能有效打擊貪污。1974 年 2 月，港府成立**「總督特派廉政專員公署」**（回歸後改稱為「廉政公署」），全力打擊貪污活動。

## 警廉大衝突

1977 年，廉署破獲警員包庇販毒集團的「油麻地果欄販毒案」，逮捕 87 名涉案警員，引起部分警員的不滿。同年 10 月 28 日，2,000 多名警員在警察總部集會，要求港府特赦所有涉貪警員，更有警員衝擊廉署的執行處辦公室。麥理浩在維持港英統治穩定的大前提下，發出**「局部特赦令」**，指令廉署除已經進入起訴程序或涉及特別嚴重的罪行外，停止調查 1977 年元旦以前發生的貪污案。事後港府迫令 118 名警務人員提前退休，徹底粉碎警隊內部有組織的貪污集團。

重點

**廉政公署的成立，是一九七〇年代港英政府自我改造的產物。**

## ·廉政公署「三管齊下」打擊貪污·

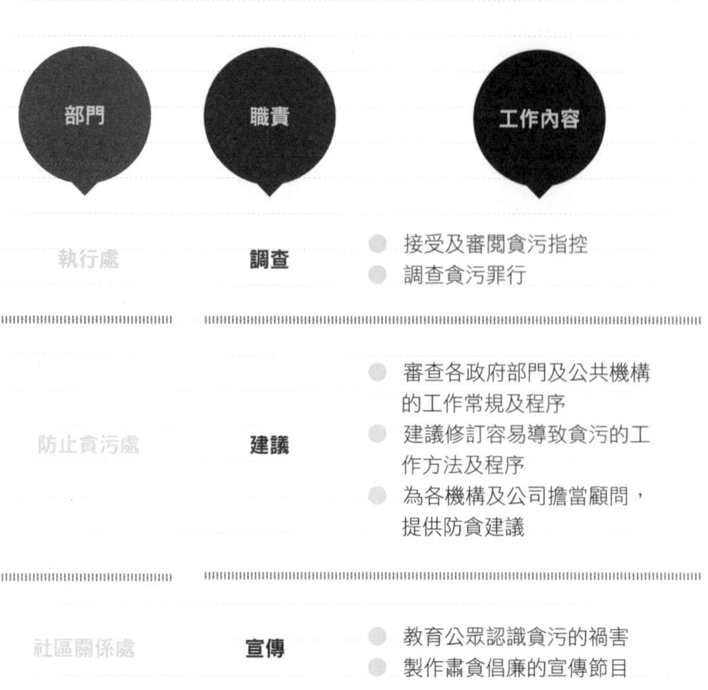

| 部門 | 職責 | 工作內容 |
| --- | --- | --- |
| 執行處 | 調查 | ● 接受及審閱貪污指控<br>● 調查貪污罪行 |
| 防止貪污處 | 建議 | ● 審查各政府部門及公共機構的工作常規及程序<br>● 建議修訂容易導致貪污的工作方法及程序<br>● 為各機構及公司擔當顧問，提供防貪建議 |
| 社區關係處 | 宣傳 | ● 教育公眾認識貪污的禍害<br>● 製作肅貪倡廉的宣傳節目 |

notes.

1967 年任職防衛司的姬達，處理「六七暴動」表現獲認同，成為首任廉政專員。

# 教育政策：讓更多孩子上學吧

## 戰後初期中學學額嚴重不足

戰後由於政府**資助的中學學額嚴重不足**，政府於 1949 年推行**小學會考制度**（1962 年改稱「中學入學考試」，即「升中試」），甄選優秀的小學畢業生升讀官立中學或津貼小學。1971 年 500,000 適齡人口中，中學生只有 230,000，可見當時學童升入中學的比率不足 50%。未能分配學額的小學畢業生，家境清貧者只得投身社會工作。

| 年份 | 參加會考的小學畢業生人數 | 獲分配學額者 |
| --- | --- | --- |
| 1955 年 | 3,000 人 | 不足 1,000 人 |
| 1967 年 | 34,000 人 | 12,000 人 |
| 1971 年 | 70,000 人 | 25,000 人 |

## 初中普及教育的推行

1971 年 7 月，教育司署宣佈實施**免費小學教育**。同年 9 月，立法局通過《1971 年教育法案》，**強制適齡學童入學**。為解決中學學額不足問題，港府除**資助教會及志願團體辦學**外，更**向私立中學購買初中學位**。1974 年 10 月，港府發表《香港未來十年內之中等教育白皮書》，強調港府未來的教育發展重點將轉移至**中等教育**，特別是與職業掛勾的工業中學。

1978 年，港督麥理浩推行**九年免費教育**，把普及教育擴展至中學三年級，並把法定勞工年齡提高至 15 歲。1970 年代小學生升讀中學，必須參加「升中試」，考試內容分中、英、數三科，注重死記硬背，不但令學生面對巨大的升學壓力，也扭曲了正常的學習生活，備受社會輿論批評。1978 年港府廢除「升中試」，推行以校內評核為主的「學能測驗」， 評定小學畢業生選擇中學的優先次序，減輕學童的升學壓力。同年更規定 15 歲或中三以下學童必須接受初中教育。隨後港府不斷發展接受政府資助的津貼中學，減少向私立中學購買學位，私校數目大幅減少。

## ·官津補與私立學校學生數目比率變化·

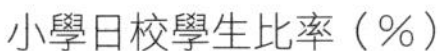


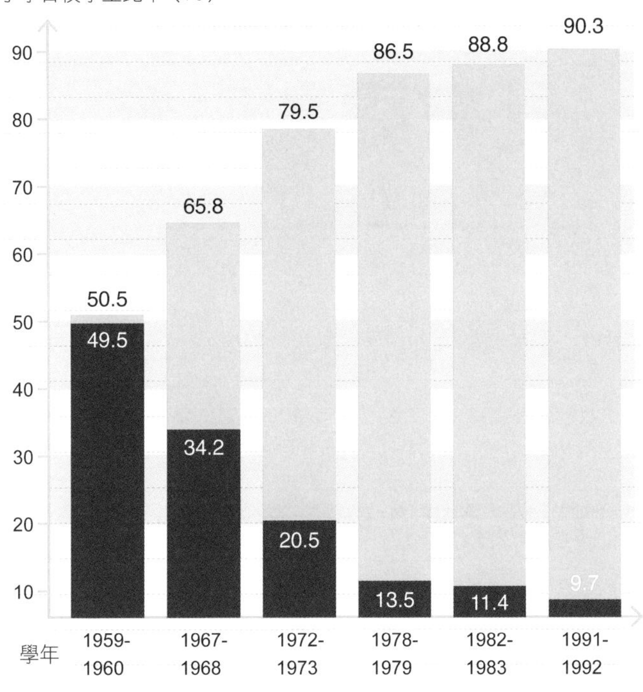

＊資料出自曾榮光（1998）《香港教育政策分析：社會學的視域》（香港：三聯書店），頁7。

＊從上表我們可以發現，普及教育導致官立及津貼小學在本地教育所佔比重日漸增多，私立小學則日漸減少。

重點

一九七〇年代是香港初中普及教育的擴張期。

# 9.6

# 姍姍來遲的社會福利服務

## 民間志願機構是戰後本地社會服務的主要承擔者

二戰前本地的社會福利服務，基本上完全由**民間志願機構**承擔。除少數本地組織如保良局、東華三院、同鄉會及宗親會外，福利服務主要由天主教或基督教的差會包辦，服務經費也是由這些差會的母會支持，服務宗旨均與傳道工作有關。

二戰後不少**國際福利機構**紛紛在港展開工作，救濟本地貧民。這些機構來港服務的原因有二：一來因為本港難民問題相當嚴重；二為內地政權的改變，使不少西方志願機構退出中國，將服務重點轉移到香港。在福利方面，港府只願意承擔少量實物救濟。1958 年，港府成立**社會福利署**，可是由於人手與經費有限，工作僅限於感化、領養及保護婦孺服務。

1965 年港府發表題為《香港社會福利目標與政策白皮書》，肯定社會福利的重要性，卻**只願承擔一些對香港經濟最有直接貢獻的社會福利工作**，如幫助傷殘人士恢復生產能力，或使家庭保持完整，以及培育青年建立良好品格的服務。

## 「六七暴動」後港府政策的改變

「六七暴動」後，港府加快福利服務的改革步伐，於 1971 年 4 月全面推行**現金公共援助計劃**。麥理浩於 1973 年 6 月發表白皮書，表明社會福利署應**與志願機構合作**提供服務，並由政府應**承擔大部分福利的開支**。

由於公共援助制度保障了市民的基本生活需要，志願機構亦開始改變服務內容；部分熱心推動志願服務的人士，由於不用太注意募捐款項，也可投入更多精力拓展新服務，使本地的社會服務更趨多元化。

**一九七〇年代港府政策的改變，為本地福利服務帶來了重大的轉機。**

### ·香港福利服務發展時間線（戰前至1973）·

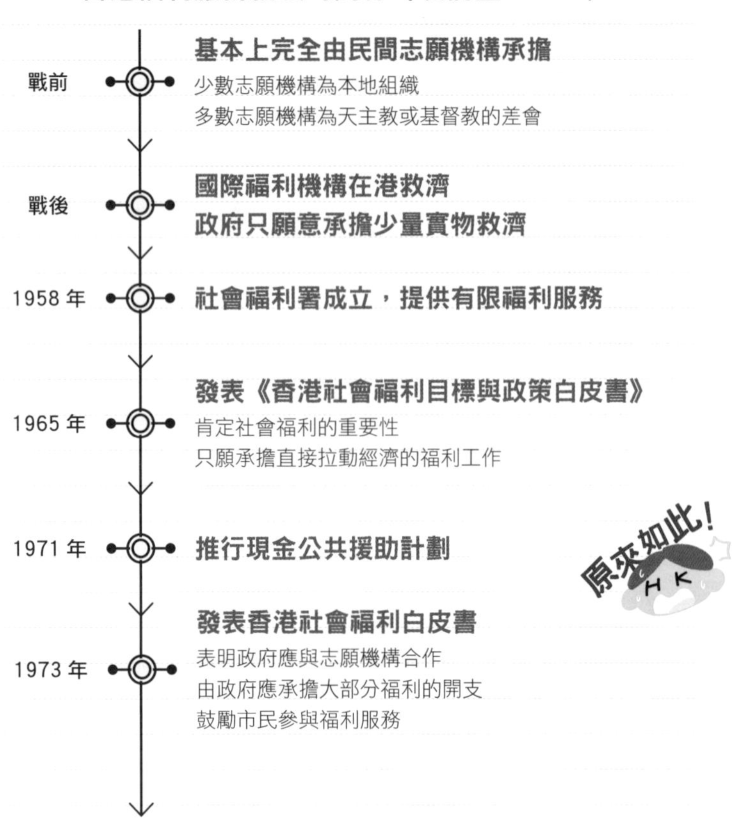

1964年政府用於福利的開支只有1,336萬元，
至1976年增至3.65億元。

# 「積極不干預主義」

## 積極不干預主義

港府一直奉行**自由經濟政策**，對戰後初期香港恢復轉口港地位，並迅速躋身新興工業城市行列，起了重要的作用。但在金融領域實行自由經濟政策，效果卻不大理想。由於對銀行業缺乏監管，1960 年代連串銀行擠提事件爆發，迫使政府不得不立法監管（見 8.7）。

1971 年夏鼎基（Charles Philip Haddon-Cave）出任財政司，主張**在維持市場經濟的原則下，遇到對整體經濟有重大不利影響的問題時，應該採取積極措施進行必要的干預**（「積極不干預主義」一詞，是由當時的立法局議員鄧蓮如所創造，用以形容夏鼎基的經濟政策）。

## ·積極不干預主義與自由放任政策比較·

| | | |
|---|---|---|
| 市場運作 | 信奉「無形之手」會調節經濟 | 特殊情況下政府應介入 |
| 宏觀經濟政策 | 反對扶助新興產業 | 反對擴大公共工程刺激經濟；認為增加開支只會增加通脹與生產成本 |
| 制定經濟統計數據 | 認為會阻礙經濟自然調節 | 較為重視 |
| 制定財政預算 | 量入為出；財政有盈餘時亦不願擴大支出 | 反對赤字預算；削減開支及增加稅收 |

1977 年，夏鼎基提出政府應承擔四個責任：一是適度干預外匯市場；二是制定相關的法律條例及監管架構；三是設立一個廣泛的諮詢網絡；四是提供各種社會服務。

1982 年，夏鼎基再度對「積極不干預主義」作出補充，他認為由於市場的不完善而引致壟斷出現；市場增長過速，以致常規無法加以抑制；為了公眾利益而須訂立法例和監管架構以維護公眾利益（如金融市場）；在個人行為對總體經濟和總體金融產生不良影響等情況下，政府應該干預市場運作。「積極不干預」政策從此成為回歸前港英政府經濟政策的主導思想。

## 華資財團的崛興

二戰前香港經濟主要由英資財團所壟斷，華資處於從屬地位。1949 年前後，上海企業家從內地攜大量資本來港發展，促成本地華資**製造業**的急速發展（見 7.4），成為本地經濟的支柱。

與此同時，戰後大量資金流入香港，造就了香港**地產業**的興盛。「六七暴動」（見 8.5）時期，英資財團及富戶擔心中國政府用武力收回香港，賤價拋售本地物業，李嘉誠、郭得勝、李兆基、王德輝等**華資地產商趁機低價吸納優質地皮物業**，奠定了日後在地產市場的霸權地位。1969 年李福兆創辦遠東交易所，扭轉了過去英資

**重點**

**一九七〇年代，港府改變過去絕對「自由放任」的經濟政策，開始有限度地干預市場運作。**

壟斷本地證券業的形勢（見 10.6）。**華資地產財團紛紛趁機上市集資**，利用所得資本進行併購。

1979 年 9 月，李嘉誠得到滙豐的支持，鯨吞英資和記黃埔公司。次年船王包玉剛亦因取得滙豐貸款的承諾，擊敗怡和公司，取得九龍倉的控制權，其後又吞併會德豐公司。上述事件標誌着**華資財團逐步壓倒英資財團**，成為香港經濟的主導力量。

1978 年香港 30 家市值最大的上市公司中，華資公司佔 12 家，到 1981 年已增至 19 家。

# 我是「香港人」

## 戰後香港本地人對中國內地感到疏離

香港**本土意識**是指戰後土生土長的市民，因**經歷共同成長歷程和共享一些相同的生活方式而形成的集體意識**。二戰以前，香港文化基本上是中國華南社會的延伸。1949 年以後，內地與香港**邊界的分隔**，加上**社會發展軌跡不同**，令戰後本地成長的一代與內地疏離，甚至對不斷推行政治運動的內地政府產生抗拒。另一方面，港英政府的殖民教育體制強調「重英輕中」，刻意迴避任何國家或民族感情，歧視非英聯邦國家的學歷，造成本地人對內地文化的負面觀感。

1960年代以後，香港經濟發展迅速，市民生活水平得到改善，對香港產生了自豪感和歸屬感。此外香港急速的都市化過程，使**中國傳統價值觀受到衝擊**，在西方思想影響下，努力爭取個人權利，以及改善個人的生活環境，成為本地市民的主流觀念。

### ·香港本土意識形成的因素·

| 因素 | 影響 |
| --- | --- |
| **1949年以後** | |
| 內地與香港邊界分隔 | 兩地缺乏接觸而產生疏離感 |
| **建國初期** | |
| 內地政治運動不斷 | 部分港人對中國政府產生抗拒 |
| 內地推行簡體字和普通話 | 內地與香港文化差異拉大 |
| **1970年代及後** | |
| 香港公共服務質素提高 | 港人對香港產生自豪感和歸屬感 |
| 香港經濟發展迅速 | 香港市民生活水平遠超內地 |
| 香港福利措施增加 | 部分港人擔心資源被攤薄，形成自衛意識 |
| 港府移民政策改變 | 香港居民身份獲法律形式確認 |
| 大眾傳媒興起 | 港人形成共同話題和集體回憶，有助香港本土身份認同 |

## 社會運動見證本土意識逐步形成

隨着「六七暴動」的結束以及台灣對大陸政策的轉變，香港的群眾運動脫離被國共兩黨所主導的局面，香港本土社會力量得到活動空間，**以爭取香港人權益為目標的社運**亦相繼湧現。

**·1970 年代香港社會運動的原因·**

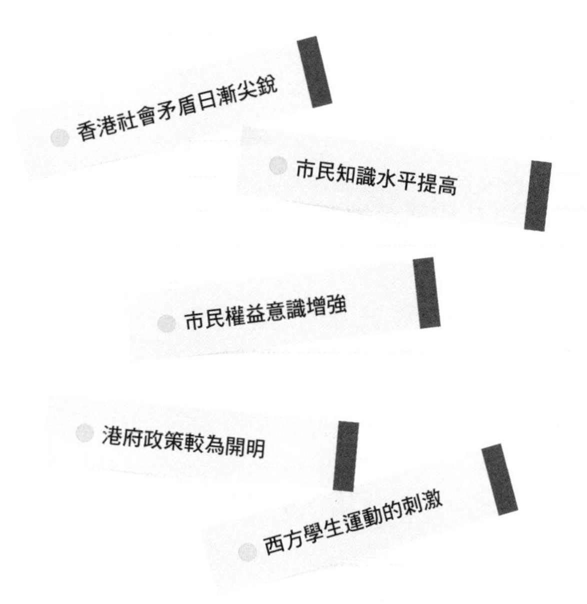

## 文憑教師薪酬事件和「反貪污捉葛柏」運動

1972 年，港府降低了文憑教師入職薪點，並試圖將教師薪級脫離公務員總薪級表，激起了全港官津補中小學教師的憤慨。司徒華領導的「香港教育團體聯合秘書處」組織全港官津補教師進行大請願和**全港首次教師大罷課**。

1973 年，前警司葛柏因涉嫌貪污潛逃英國，香港大專學生發起「捉葛柏」運動，在維多利亞公園舉行集會，千餘名市民參加。事件催生了**廉政公署**的成立（見 9.4）。

## 金禧中學事件和油麻地避風塘艇戶事件

1977 年，天主教教會屬下的金禧中學教師發現校方有斂財之嫌，師生要求校方解釋不遂，其後部分學生遭停課處分。1978 年 5 月，教育司署宣佈封閉金禧中學。

1979 年，油麻地避風塘的艇戶被政府迫遷，社會工作者與大學及大專學生協助艇戶抗爭。多名社工和學生在前往港督府請願途中被捕，並被警方以《公安條例》予以檢控。

重點

內地與香港長期分隔是香港本土意識成長的根源。

## ·社運事件數目（件）·

※資料出自呂大樂、龔啟聖（1985）《城市縱橫：香港居民運動及城市政治研究》，頁62。

大學和大專的學生會由於會員人數較多，受到當時西方學潮的影響，傾向理想主義，成為民間抗爭運動的重要力量。

# 中英談判及過渡期

## 1979 ▼ 1989

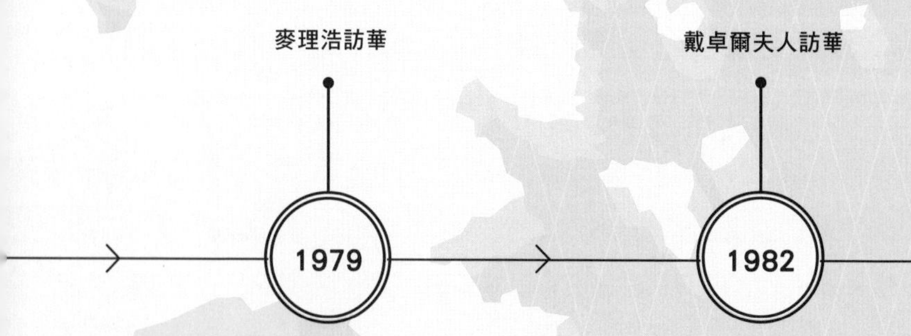

● 1979 年麥理浩訪問北京，
鄧小平向他表明中國收回香港的決心，
揭開了中英就香港問題談判的序幕。

●談判期間，
英國企圖以「以主權換治權」延續對香港的統治，中國堅決拒絕。
最終英方同意 1997 年後完全放棄香港的主權和治權，
雙方簽署《中英聯合聲明》。

●中英談判期間，
鄧小平提出以「一國兩制、港人治港」的原則成立特別行政區，
香港保持資本主義制度五十年不變，實行「港人治港」。

●得悉中國收回香港的意圖後，
港府加速推行代議政制，於 1982 年舉行區議會選舉。

● 1985 年舉行立法局首次選舉，
啟動了過渡期香港的政制改革。

● 1989 年「六四事件」爆發，
部分市民對香港前途失去信心，觸發移民潮。

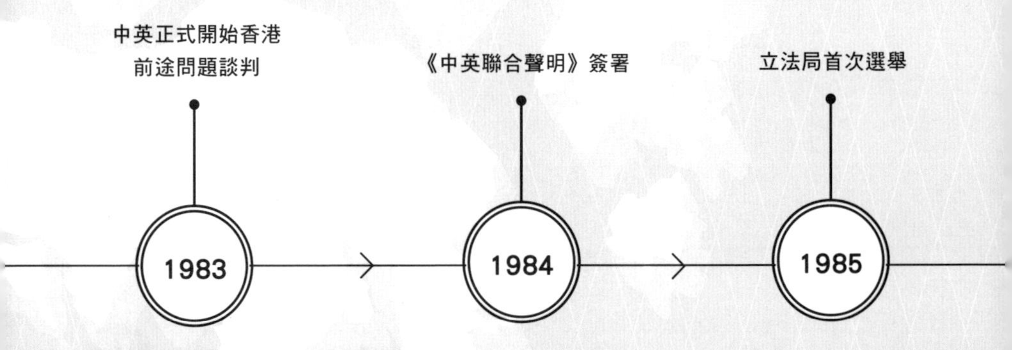

10.1

# 中產階級，異軍突起

## 中產階級出現

簡單來説，**中產階級**主要是指一些在當代資本主義社會中擔任行政、管理和專業工作的僱員。步入1970年代，**香港經濟轉型**創造了大量服務業與**管理階層**的崗位，公私機構愈來愈重視僱員的**學歷**或**專業資格**，社會分工日趨複雜，各行業專業化的趨向加強，為高學歷及專業人士帶來更多經濟機會。不少戰後伴隨父母移居香港或在港出身的寒門子弟，憑着個人的努力，在香港高度競爭的教育體系下脱穎而出，取得高等學歷或專業資格，得以晉身中產階級行列。

## 「香港精神」的形成

伴隨着中產階級冒升的社會轉變，香港社會出現一種**樂觀情緒**，認為只要憑着個人的努力，發展的機會會比上一代為佳，形成所謂「同舟共濟，奮鬥向上」的「香港精神」。這種對社會流動的樂觀憧憬，使民眾面對不公平的情況時，較少選擇採用集體行動（如上街抗議）表達不滿，緩和了香港社會因貧富不均產生的矛盾。

## 中產階級傾向「求穩」

在政治上，中產階級是現實的既得利益者，傾向於**追求安穩的生活**，認同現存的社會制度，**願意與當政者合作，維持社會的公平和秩序**。學者指出中產階級收入較高，不會傾向要求太多的社會福利，相對而言，他們更為擔心本身的稅項承擔及生活質素提升等問題。基於自身的成長經歷，不少中產階級的家長認為學歷與專業資格是保障下一代向上流動的主要途徑，因此非常注意子女的行為與教育，願意投入更多資源培育子女入讀名校。

**中產階級的形成，是戰後二十年本地經濟發展轉型的成果。**

## ·香港中產階級的特徵·

- 父母是內地解放前後的新移民
- 多來自中下家庭

- 接受香港西式教育
- 受過高等教育或到西方國家升學

- 有理想主義傾向
- 是戰後出生的一代，對內地無偏見

- 關心社會公義，認同民主、自由、平等等原則
- 抗拒激進的社會改革

- 中產階級是香港的中堅力量。
- 需要注意，雖然經濟轉型導致大量中產階級出現，但對工人階級而言，躋身上流社會仍極不容易。

# 香港前途談判與「一國兩制」構想

## 中英談判始末

1970 年代末，由於距離《展拓香港界址專條》失效的時間愈來愈近，香港前途問題因而備受關注。1979 年麥理浩訪問北京，鄧小平向他表明中國收回香港的決心。

1982 年 9 月，英國首相**戴卓爾夫人**（Margaret Thatcher）訪華，與鄧小平討論香港前途問題。**中國領導人正式通知英方，決定在 1997 年收回整個香港地區**；戴卓爾夫人堅持英國在 1997 年後繼續管治香港，雙方無法達成共識。翌年中英兩國開始正式的香港前途談判。

英國起初提出**「以主權換治權」**（即英國接受中國對整個香港的主權，換取後者同意英國繼續治理香港），遭中國拒絕。經多次談判，1984 年初，英方終於同意在 1997 年後完全放棄香港的主權和治權。當年 9 月 26 日，**雙方草簽《中英聯合聲明》，決定香港於 1997 年回歸中國**，以**「一國兩制、港人治港」**的原則成立特別行政區，保持資本主義制度五十年不變。次年 5 月「中英聯合聯絡小組」成立，負責就《聯合聲明》實施進行磋商，並討論政權交接事宜。

## 港台問題與「一國兩制」構想的形成

「一國兩制」的構想，超初是針對台灣問題。

1979 年 1 月底至 2 月初，鄧小平應邀訪美期間，強調只要台灣回歸祖國，中國將尊重那裏的現實和現行制度。1981 年 8 月 26 日，鄧小平在會見港台人士時指出：即使使用武力方式解決台灣問題，台灣作為中華人民共和國的一個省，也可以**「保持原有的制度和生活方式」**。上述兩次談話，表明了鄧小平關於「一國兩制」方針的最初構想。

## ·考古 Q&A——聽鄧小平解釋「一國兩制」·

| 香港人 Q | 鄧小平 A | 重點總結 |
| --- | --- | --- |
| 「兩制」只是權宜之計嗎？ | 社會主義國家裏允許一些特殊地區搞資本主義，不是搞一段時間，而是搞幾十年，成百年。 | 「兩制」可長久 |
| 「一國」與「兩制」誰為主？ | 另一方面，也要確定整個國家的主體是社會主義。 | 「一國」是主體 |
| 港人可否全權治港？ | 切不要以為香港的事情全由香港人來管，中央一點都不管，……這是不行的，……中央確實是不干預特別行政區的具體事務的，也不需要干預。但是，特別行政區是不是也會發生危害國家根本利益的事情呢？ | 中央會干預 |
| 中央會軍事干預香港嗎？ | 但是（香港有人）……要把香港變成一個在「民主」的幌子下反對大陸的基地，怎麼辦？那就非干預不可。干預首先是香港行政機構要干預，……只有發生動亂、大動亂，駐軍才會出動。 | 中央會干預 |

重點

一國兩制就是在一個國家內，容許兩個不同的社會制度（社會主義制度和資本主義制度）同時存在，這也是中國政府對台灣回歸祖國問題的主要方針。

1982年1月，鄧小平在談到台灣問題時，首次使用**「一個國家，兩種制度」**的概念。9月，鄧小平會見戴卓爾夫人時，**承諾中國在收回香港後，香港現行的政治、經濟制度，甚至大部分法律都可以保留**。1984年6月，鄧小平會見香港工商界訪京團時，進一步明確提出要用「一國兩制」的辦法解決香港和台灣問題。而《中英聯合聲明》的簽訂，保障了回歸後「一國兩制」在港實行。

notes.

不少香港人在解讀「一國兩制」時，會把「兩制」提升至與「一國」等同或超出「一國」的高度。回歸後眾多有關《基本法》的爭論，其實主要都圍繞着如何看待「一國」和「兩制」之間的主次關係。

# 甚麼是代議政制？

## 區議會制及區域市政局的建立

1979 年港督麥理浩訪問北京返港後，港英政府隨即**加速在香港推行代議政制**。1980 年，港府公佈《香港地方行政的模式綠皮書》，建議在香港 18 個行政區分別設立地區管理委員會和區議會，推行**全民投票選舉制度**。1982 年 3 月及 9 月，新界及港九市區分別舉行區議會選舉。

市政局是香港在 1980 年代以前唯一有民選代表的議會，但選民資格卻有嚴格限制。1983 年市政局首次實行分區選舉，並放寬選民資格。次年，政府宣佈在新界成立一個功能類似市政局的區域組織。1986 年，**區域市政局**正式成立，並實行分區選舉。

## 立法局引入選舉制度

1983 年 9 月，港督首次委任兩名民選區議員為立法局非官守議員。中英草簽《聯合聲明》後，港府於 1984 年 11 月發表《代議政制白皮書》，宣佈於次年舉行立法局首次選舉，以由兩個市政局和各區區議會議員組成選舉團及功能組別方式選舉產生 24 名非官守議員，使民選議員佔當時立法局總議席的 42%。1988 年港府再次發表**《代議政制今後的發展白皮書》**，決定於 1991 年採用**直接選舉方式**選出 10 名立法局議員。1989 年，行政及立法局非官守議員要求立法局的直選議席在 1991 年增至全局議席的三分之一（即 20 個），1995 年增至一半，2003 年所有議席均由直選產生。

中英雙方磋商後，英方同意將 1991 年的立法局直選議席限定為 18 個，中方則同意在 1997 年將香港特區第一屆立法會的直選議席增到 20 個。至 1991 年 9 月，香港舉行立法局首次直接選舉。

## ·區議會的選民資格·

 年滿 18 歲

 通常在香港居住

 香港永久居民

 被裁斷為因精神上無行為能力而無力處理和管理其財產及事務

 任何武裝部隊成員

notes.

- 在 1991 年第一次引入直選議席的立法局選舉中，18 名議員由地方選區選出，21 名議員由功能組別間接選出，其餘 21 名議員，則包括 3 名當然官守議員及 18 名委任議員。
- 功能組別方式選舉指社會上某些職業能在特定選舉中擁有投票權的類別。

10.4

# 我也有話說——壓力團體紛現

所謂「壓力團體」，是指那些**非政黨組織而企圖藉着行動，影響政府政策**的團體。1980 年代，不少壓力團體都由當時的**社運組織**發展而來，其成員和領導大都是當年學生運動和社會運動的骨幹。社運參與者漸漸理解，**政治體制**是否能反映和顧及大多數人的意願才是問題根源，故此希望透過改變殖民體制來達成改革社會的理想。

此外，1970 年代香港經濟的發展，培養了一批對香港具有歸屬感的本土中產階級（見 10.1），他們組織各種團體，藉此實現理想或保證自身利益，也是導致當時壓力團體興盛的原因。

## 本地壓力團體的特點

本地壓力團體一般**針對個別團體或群體的實際問題**，以社會行動向政府提出要求。通常採用的行動包括宣傳（記者招待會、傳單、簽名運動等）、集體談判、靜坐、遊行和請願等。本地壓力團體有兩個特點：一是政治意識形態的色彩相對淡薄；二是主要集中於討論本地民生與政治改革問題。在 1970 至 1980 年代初期，政府通常通過「行政吸納」（委任壓力團體成員加入政府諮詢委員會）和撥款資助壓力團體，減輕團體的對抗性。

## 九七回歸與政治性壓力團體的蓬勃發展

1980 年代，**民間議政風氣日趨蓬勃**。不少關注香港前途問題的社會人士，相繼組織各類論政團體表達自身立場，政治性壓力團體蓬勃發展。隨着代議政制**直選議席**的出現，不少論政團體選擇**合併成政黨**參選。以民主黨為例，其前身香港民主同盟（簡稱「港同盟」） 即主要由「太平山學會」成員所組成；「匯點」則與港同盟合併成為民主黨。

重點

**壓力團體的興起，某種程度上是一九七〇年代中產階級崛興與社會運動持續和深化的結果。**

## ·1980 年代香港壓力團體的四種主要類型·

### 1 工會

**組成：**從事某些職業的人士
**任務：**保障會員利益
**特點：**會員教育水平和利益相近，動員能力強

參與社會事務，維持公義。

- 香港教育專業人員協會
- 香港社會工作者總工會

### 2 社區組織

**組成：**基層民眾
**任務：**爭取基層民眾的利益
**特點：**建立鄰舍精神，發揮集體行動的力量

人多力量大！

- 香港社區組織協會

### 3 政策倡議形式

**任務：**鼓吹相關政策的改革
**特點：**作出政策評論和社會行動

勞工、環保、教育政策，
不能不關心！

- 基督教工業委員會
- 長春社

### 4 社會事務評論形式

**任務：**評論社會事務及政府政策

炮轟世情，把脈時政！

- 香港觀察社
- 匯點
- 太平山學會
- 民主民生協進會

notes.

踏入 80 年代，香港前途問題成為港人最關心的議題，本地媒體的廣泛報道，以及政府就政制改革問題向民間諮詢意見，是民間議政風氣熾盛的原因。

# 聯繫匯率制度的誕生

## 從「銀本位制」到浮動匯率制

開埠初期，香港貨幣制度跟隨內地，實行**「銀本位制」**（以白銀為本位貨幣的貨幣制度）。1935 年中國放棄銀本位制，港元改與英鎊掛勾。二戰前英國是世界上的經濟強國，英鎊是主要國際貿易支付手段和儲備貨幣，港元與英鎊掛勾，有助保持港元穩定。二戰後英國的經濟地位大為衰弱，英鎊幣值極不穩定，港元亦需跟隨英鎊貶值，對香港經濟構成負面影響。

1967 年，英鎊再度貶值，港元亦同時貶值，給香港經濟帶來衝擊。1972 年，香港放棄了英鎊匯兌本位制。

同年港府宣佈把港幣與美元按 1 美元等於 5.65 港元的匯率掛勾，至 1974 年底，因美元處於弱勢，港府宣佈港元實行自由**浮動匯率制度**。

自 1977 年起，由於本地貨幣及信貸過度增長，港元持續貶值。1983 年 9 月，中英兩國有關香港前途的談判陷於僵局，國際市場對港元失去信心，港元兌美元的匯價跌至 9.6，本地金融市場出現恐慌。港府一方面取消港元存款利息稅，另一方面推出**聯繫匯率制度**，以圖穩定港元匯率。

## 聯繫匯率制度的運作

香港的聯繫匯率制度屬於「貨幣發行局制度」，貨幣基礎的流量與存量必須得到外匯儲備的十足支持。**香港發鈔銀行若增發港元鈔票，須先向外匯基金繳交等值的美元，以換取港幣的負債證明書**。外匯基金保證以**1 美元兌換 7.8 港元**的固定匯率向發鈔銀行發出或贖回負債證明書。港元與美元的兌換率雖然在市場上可自由浮動，但外匯基金和發鈔銀行在市場匯率偏離 7.8 港元的固定匯率時，會對市場進行干預，藉此穩定匯率。

重點

**聯繫匯率制度為香港提供了穩定的貨幣支柱。**

## ·聯繫匯率的優劣對比·

| 好處 | 侷限 |
|---|---|
| **有助港幣維持穩定**<br>港幣與美元掛勾，有助維持其穩定，為商業活動提供穩定的經濟環境。 | **利率調節經濟受限**<br>香港利率須跟隨美國，港府不能以利率遏抑通脹或刺激經濟增長。 |
| **簡單、透明**<br>使市場清楚掌握其運作機制，增加海外投資者對香港的信心。 | **影響香港產品出口**<br>妨礙香港利用貨幣貶值，調整產品出口價格。 |
| **維持經濟穩定**<br>使香港經濟能因應外來衝擊進行調整，卻又能避免貨幣突然崩潰，造成破壞與波動。 | **導致通貨膨脹**<br>美元貶值可能導致港元購買力下降，加上人民幣升值，引致通貨膨脹。 |

notes.

聯繫匯率是柄雙刃劍，有利有弊。

10.6

# 你要長大了！證券市場

## 二戰前本地證券市場的發展

早在 1852 年以前，外資公司已在港招股集資。至 1865 年，港府頒佈《公司條例》，規範了「有限公司」的運作。1891 年港府收緊股票買賣手續，股票從業員為保障自身利益，組織**「香港股票經紀協會」**，成為本地首個證券交易所。至 1921 年，另有經紀組成「香港證券經紀協會」。1947 年兩會合併，易名**「香港證券交易所」**（俗稱「香港會」）。

## 四會時代

戰後大量資金湧入香港，證券市場繁榮。「香港會」為英商壟斷，引起華商不滿。1969 年 12 月，李福兆創立**「遠東證券交易所」**（遠東會），採用中文作為交易語言，降低華資公司的上市門檻。隨後金銀證券交易所（金銀會）、九龍證券交易所（九龍會）相繼成立，形成「四會鼎立」的局面。交易所的增加，刺激了本地企業上市尤其是華資企業集資的熱潮。

## 香港聯合交易所的成立

1973 年港府頒令限制新交易所的成立後，為規範市場運作，積極推動四會合併。1980 年，**香港聯合交易所有限公司**（簡稱聯交所）註冊成立，四會正式開展合併。1986 年，聯交所正式投入運作。聯交所實施電腦自動對盤系統，減少經紀在買賣過程中舞弊的可能性。1987 年，股票市場出現股災，交易所宣佈停市四天，重新開市後市場出現恐慌性拋售。市場穩定後，港府成立調查委員會，發表《戴維森報告書》，並按照報告書的建議，於 1989 年成立中央結算有限公司和**證券及期貨事務監察委員會**（簡稱「證監會」）。前者負責集中所有證券交收及結算事宜；後者則負責監管聯交所和期貨交易所。

重點

**一九七〇年代香港證券交易日趨興旺，掀起了本地企業上市集資的熱潮。**

## ·證監會是幹甚麼的？·

**制定發牌準則**
- 確保從業員都是獲准發牌的適當人選

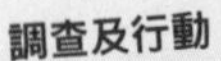

**審批**
- 審批牌照及備存持牌人公眾記錄冊

**調查及行動**
- 就失當行為進行調查及採取行動

**監察、處理**
- 監察持牌人的財政穩健性及遵守相關法例、規則的情況
- 處理針對持牌人失當行為的投訴

**發表守則及指引**
- 使業界知悉證監會所要求的操守水平

**證監會的職責是監管香港證券期貨市場運作。**

notes.

李福兆有「香港股壇教父」之稱，他創立的「遠東證券交易所」首次接納女性成為會員，又主動向電台和電視台發放資訊，吸引華人投資證券市場。

# 成本太高！向北移的製造業

## 「前店後廠」的運作模式

1980 年代，內地實施改革開放，在廣東省的深圳、珠海和汕頭，福建省的廈門建立「經濟特區」，實行優惠政策吸引外資。當時**香港廠商正受工資和地價上漲問題困擾**，為降低生產成本，逐漸將生產線北移到珠江三角洲地區（主要是深圳、東莞及中山）。

初期香港廠商和內地的關係是「三來一補」（即來料加工、來件製配、來樣製作和補償貿易），後來由於內地工廠的機器設備和技術水平的提高，加上內地投資環境的改善，不少工廠由「三來一補」轉為「三資企業」（外商獨資、中外合資、中外合作）。

香港製造商將工廠北遷後，通常採取「前店後廠」的運作模式，即**把本地的辦事處轉為區域總部**，負責從事獲取材料、銷售及市場推廣、研究與開發、財政管理、資訊技術管理及物流等活動。

## 北移對香港的影響

製造業北移，令香港工業生產出現萎縮。1970 年製造業佔本地生產總值的比例約 30.9%，1989 年下降到 19.3%，1996 年跌至 7.2%，**香港出現了「去工業化」現象，服務業逐漸成為本地經濟支柱**。本地**就業市場**亦受到負面影響。

由於生產工序北移，香港在整個生產體系中逐漸發展成為珠江三角洲地區的商業總部，內地的原料輸入與產品輸出令香港成為重要轉口港，香港的**中外轉口貿易**得以重新發展。

由於製作工序北移，可利用兩地工資及地價差距降低成本，不少香港廠商開始安於現狀，**不再重視改進生產技術的重要性及迫切性**，為香港製造業的未來持續發展帶來隱憂。

重點

製造業北移促成本地產業模式的轉型。

### ·香港製造業北移的原因·

推力因素（香港）
- 香港製造業成本上升
- 缺乏港府及銀行業支持

V.S

拉力因素（內地）
- 對外資實施優惠政策
- 土地、工資成本低廉

10.8

# 「六四事件」後的香港——

## 「六四事件」的爆發

1989 年 4 月，前中共總書記胡耀邦因病逝世。北京高校學生在人民大會堂外靜坐請願，提出重新評價胡耀邦的功過、反對貪污腐敗、改善知識分子的待遇等要求。**部分激進學生在天安門廣場絕食，企圖迫使政府接受學生所有要求**。大批外地學生前來響應，局勢逐漸失控。6 月 4 日凌晨，政府動用**武力驅趕**天安門廣場上的學生。

## 港人對「六四事件」的反應

「六四事件」期間，部分港人組織**「香港市民支援愛國民主運動聯合會」**（簡稱「支聯會」），發動大規模的抗議活動支持北京學生。「六四事件」後，市面傳出流言，呼籲市民提走中資銀行存款。行政局議員鄧蓮如與立法局議員李鵬飛前往倫敦活動，要求英國政府給予港人居英權。不少港人因對香港前途失去信心而**移居國外**。據統計，1990 年約有 62,000 人移居國外，約佔香港人口的 1%，大部分是年輕、受過高等教育、中產階層的專業人士。

## 英國政府對香港政策的改變

「六四事件」觸發西方國家批評中國的民主和人權問題。港府一改過去的做法，容許反共人士在港公開活動。港督衛奕信（David Clive Wilson）向立法局提出人權法案，使《公民權利和政治權利國際公約》的有關條文在本港法律中生效。英國政府除了趁機將香港問題國際化，亦推出**「港人居英權方案」**，選擇性地給予五萬個香港專業人士、工商業、公務員等家庭，無需離開香港而取得擁有全面公民權的英國護照。中國政府批評此舉將把《中英聯合聲明》所規定的「港人治港」變成「英人治港」。隨後港府主動加速香港民主政制的步伐，惹起中方對改革背後動機的懷疑。

## ·「六四事件」對香港政治生態的影響·

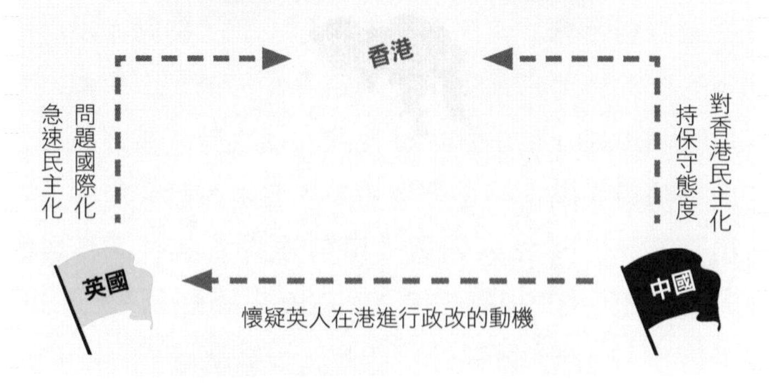


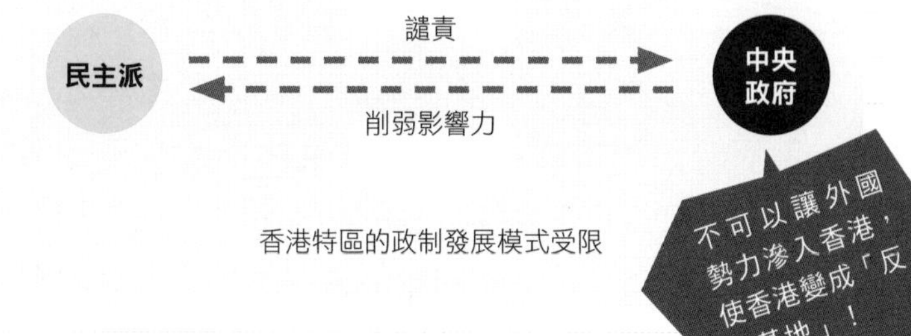


notes.

1989年10月，英國首相戴卓爾夫人要求英聯邦國家發表聲明，表明關注香港問題；港督衛奕信亦出訪美國，游說美國插手香港事務，在國際層面向香港問題施壓。

10.9

# 搖籃中的《基本法》

## 基本法起草委員會的成立

1984 年《中英聯合聲明》簽署後，確定香港會於 1997 年回歸中國。在回歸後的香港，代表英國統治的《英皇制誥》及《皇室訓令》必然隨英國的撤出而失效，香港特別行政區需要一部**新的憲制性文件**，用於確立回歸後的政府組織、政府權責、與中央關係。為此，全國人大在 1985 年成立**基本法起草委員會**，以起草香港的《基本法》。

## 從草擬到頒佈

草委會成立後，由 180 名來自香港的委員組成基本法諮詢委員會，負責在香港收集意見。草擬期間，鄧小平曾於 1987 年 4 月會見草委會成員，強調香港的制度「五十年不變」。鄧小平亦提到，香港回歸後不能照搬西式的制度，強調「管理香港事務的人應該是**愛祖國、愛香港的香港人**」，「**即使搞普選，也要有一個逐步的過渡**，要一步一步來」。最後又指出**香港不能成為危害國家利益的基地**，中央在香港出現此種傾向時一定會「管」。《基本法》第一份草案於 1988 年公佈，並進行第一次公眾諮詢，其中分別提供了五個行政長官及四個立法會產生的辦法，交予公眾討論，以便 1989 年初提交人大，再作第二次公眾諮詢。

第二次的公眾諮詢，重點是立法會的組成，由於公眾長期未有共識，直至年底仍有多個政制方案在討論當中。1989 年「六四事件」後，查良鏞、香港聖公會主教鄺廣傑退出草委，而司徒華、李柱銘被全國人大常委會撤職。直至 1990 年 1 月，草委會在各種方案中求得一折衷方案，並於當年提交全國人大審議通過，最後在當年 4 月 4 日正式頒佈。

重點

《基本法》的制定，體現了「一國兩制」的特點。

## ·《基本法》是如何制定、頒佈的？·

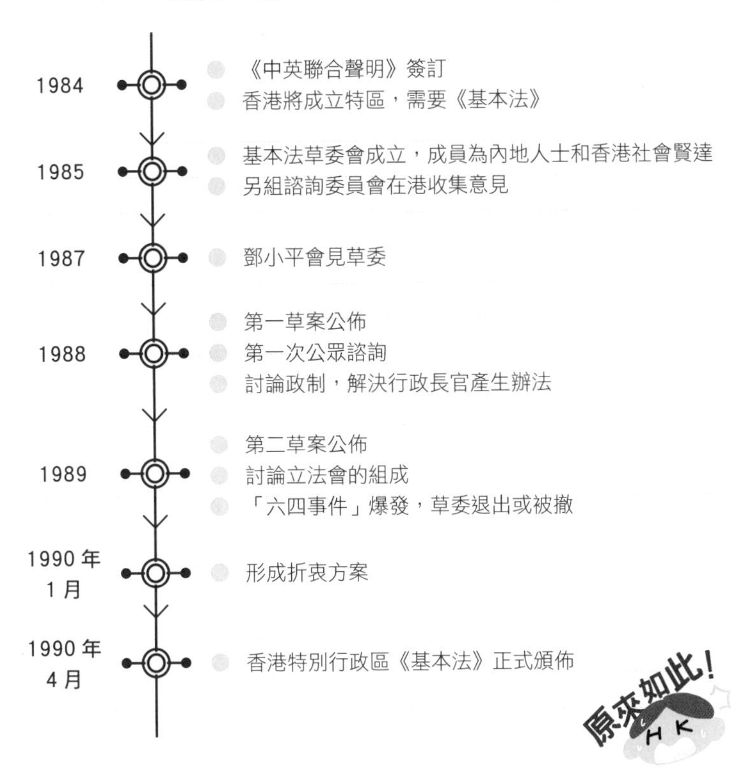

notes.

關於《基本法》名稱之由來，基本法研究專家黃江天指出：「基本法」之名原本來自二戰後的西德。當時西德為滿足樹立法律標準的要求，又為避免德國分裂成為永久事實，故稱西德的憲法為「基本法」。

# 後過渡期的香港

1990

▼

1997

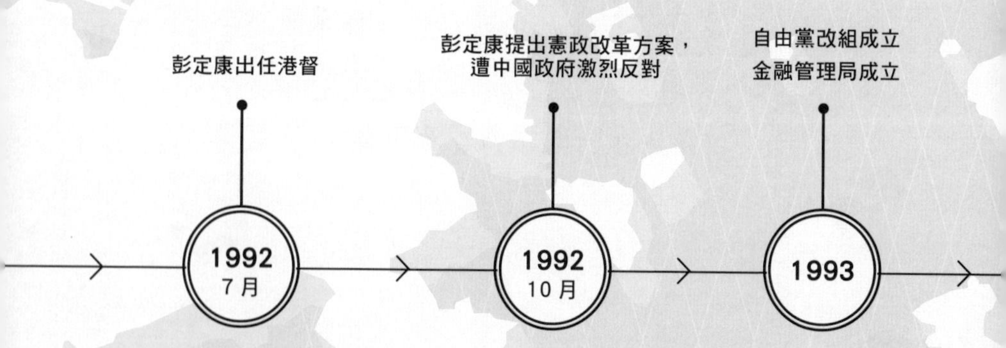

●《基本法》頒佈後，
香港正式踏入「後過渡期」。

●面對「六四事件」，部分港人選擇移民外國，
部分市民則要求港府盡快推動民主改革，
保障香港的自由與經濟繁榮。

●英國政府改變香港政策，
撤換被輿論視為對華處處妥協的港督衛奕信，
改派前保守黨主席彭定康出任末代港督。

●彭定康履新後，
在未與中國協商的情況下，
提出急進的民主改革方案，
造成後過渡期中英雙方的對立，
也使香港的政治生態出現巨大變化。

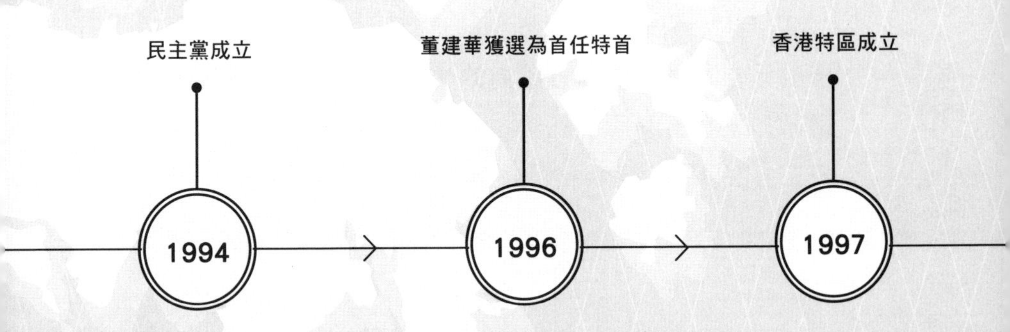

11.1

# 彭定康與政改方案登場

## 彭定康政改方案的內容

1992 年 1 月，英國政府宣佈召港督衞奕信回國，其後委派保守黨前主席彭定康（Christopher Francis Patten）出任最後一任港督，打破了自麥理浩以來由外交部官員出任港督的慣例，這標誌着英國對港政策的重大調整。

1992 年 10 月，彭定康獲英國政府同意，在立法局發表施政報告，**在未與中方協商的情況下，提出憲政改革方案**。方案盡量利用《基本法》無法具體規定的「灰色地帶」，在 1997 年前推行**急進的**民主改革：

（一）取消「雙重委任」制（即立法局議員兼任行政局議員），使行政與立法徹底分家，強化立法局主導的「代議政制」。
（二）改革選舉制度，把選民年齡從 21 歲降到 18 歲；採取有利於「民主派」的「單議席單票制」；改革功能組別，除了取消原有功能界別的團體票，在新設立的九個功能組別中，實現所有從業人員每人一票，將功能界別的選民基礎擴大到 270 多萬人。
（三）擴大區議會的管理職能，取消委任議員，所有區議員經直選產生。

## 政改方案引起中國政府的強烈反響

彭定康的改革方案引起中國政府的激烈反對，中英爭議逐漸升級。

新華社香港分社社長周南接受訪問時，指出彭定康強推政改，是英國認為在蘇聯解體後，中國也將出現類似變化，因此準備在必要時推翻中英協議，**在 1997 年後通過他們扶植的代理人變相延長英國的殖民統治**，進而影響中國的政治發展。

1993 年 3 月，彭定康宣佈把政改方案條例刊登憲報，提交立法局討論，企圖造成既成事實。國務院港澳辦公室主任魯平提出如果彭定康堅持跟中國政府對抗，中國政府將不得不「另起爐灶」，按《基本法》的規定，籌組香港特區政府。**港英政府則對中方組成的「香港特別行政區籌備委員會預備工作委員會」持敵視態度**，限制公務人員與「預委會」成員接觸。

## 新機場的爭議

「六四事件」後（見 10.8），港督衞奕信為恢復港人信心，宣佈興建**赤鱲角機場**。中英爭拗使雙方有關興建新機場**財務問題**的談判陷入僵局。中方反對英方在未得到中方同意前興建新機場，港英政府則不顧中方反對，向多間英資公司批出工程合約。1994 年初，英方提出第四個新機場財務方案，幾經磋商後，中方才接受方案。

## ·中英雙方對政改方案看法·

- 懷疑英國動機
- 恐改革引致反華
- 擔心急進的民主改革會把政權給予反共人士
- 擔心影響香港平穩過渡

- 保存英國顏面
- 把民主改革視為光榮撤出香港的重大部署
- 安撫對前途惶恐不安的港人
- 打擊中國
- 令港人心目中理想的政改方案跟《基本法》制定的政改方案出現落差，使《基本法》與中國治港的認受性受到打擊

第四個新機場財務方案，承諾注資總額不少於603億港元，工程完成時，新機場和機場鐵路的舉債總額不超過230億元。

中英雙方的爭議造成赤鱲角機場延遲至1998年7月始能全面啟用。

重點

**英國執政黨的高層人物出任港督，標誌着英國對港政策的重大調整。**

11.2

# 參政！<br>政黨的形成

## 1980 年代前香港人「政治冷感」的成因

香港政黨的形成，可追溯至 1950 年代。1949 年英人貝納祺（Brook A. Bernacchi）創立「革新會」，該會以敢於批評港英政府著稱；至 1954 年，公民協會亦告成立。兩者均有成員參選市政局選舉，但只能視為**政黨的雛形**。

1980 年代以前，**港府鼓勵本地華人發展經濟，盡量壓制港人的政治意識**，排擠甚至打壓政治異見者；加上戰後香港經濟急速發展，減少了社會階級之間因資源分配而產生的矛盾，港人「政治冷感」由此形成。

## 香港前途談判刺激了論政團體的發展

及至 1980 年代，香港的政治氣候出現巨大改變。**中產階級**的成長（見 10.1）、**普及教育**的推行（見 9.5），提高了本地社會精英的參政意識。中英就香港前途進行談判期間，香港掀起民間成立論政團體的熱潮。這些團體通過**區議會和市政局選舉**培育人才，**積累選舉經驗**，逐步具備向政黨轉化的條件。

## 民主政制的發展催生了政黨的出現

「六四事件」後，港英政府擴大各級議會的民選議席，為政黨活動提供生存空間。1990 年 4 月，香港民主同盟（簡稱「港同盟」）成立，刺激了其他保守人士組黨抗衡。同年 11 月，自由民主聯盟（簡稱「自民聯」）創立。在 1991 年各級議會直選中，港同盟大獲全勝，刺激工商界人士成立「啟聯資源中心」，並在 1993 年正式改組為「自由黨」。

親中力量因受到「六四事件」的影響，在 1991 年立法局選戰中大敗，親中人士為團結力量，亦於次年 7 月組成「民主建港聯盟」（簡稱「民建聯」）。1994 年港同盟與論政團體「匯點」合併，組成民主黨，形成民主黨、自由黨、民建聯三黨在回歸前夕立法局內鼎足而立的形勢。

一九九〇年代本地各級議會的直選催生了政黨。

## ·回歸前香港政黨組織的三足鼎立·

政治改革要以經濟繁榮為前提！

愛港也愛國！

民建聯 DAB

| 民主黨 | 自由黨 | 民建聯 |
|---|---|---|
| **成立時間：** 1994 年 10 月 | **創立時間：** 1993 年 6 月 | **成立時間：** 1992 年 7 月 |
| **首任主席：** 李柱銘 | **創黨主席：** 李鵬飛 | **首任主席：** 曾鈺成 |
| **組成：** 港同盟及匯點 | **前身：** 啟聯資源中心 | **組成：** 親中人士 |
| **政綱：** 支持推動普選及監察政府 | **組成：** 商人、企業家、專業人士 | **政綱：** 重改善民生；重組織建設；愛國愛港；擁護中央政府對港政策 |
| **重要黨員：** 李柱銘、司徒華、李永達、陳偉業、何俊仁、楊森等 | **政綱：** 提倡自由市場經濟；嚴控政府收支；香港政改應循序漸進 | **重要黨員：** 曾鈺成、譚耀宗、程介南等 |
| | **重要黨員：** 李鵬飛、周梁淑怡、張鑑泉等 | |

# 為甚麼立法局直選議席影響巨大？

## 港英政府統治時期「行政主導」的管治模式

所謂「行政主導」，是指政治架構內**行政部門（政府）主導政治議題和立法**的情況，也是港英殖民政制的特點。港督為立法局的當然主席，以港督為首的行政機關，通過官守及委任議員的機制，確保政府能在立法局內保有穩定多數的支持。自 1991 年立法局設立直接民選議席後，民主派議員循**直選**途徑成為立法局議員，加上官守及委任議員的遞減，新增的功能組別議員亦**只須向選民負責，不須事事聽命於政府**，使政府逐漸失去對立法局的絕對控制權。

## ·立法局的構成（1984 - 1995）·

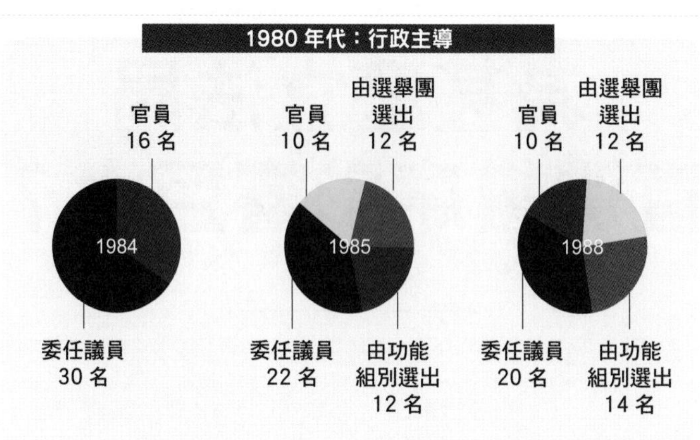


注：行政機關通過官守、委任議員的機制，確保政府在立法局內有穩定多數的支持。

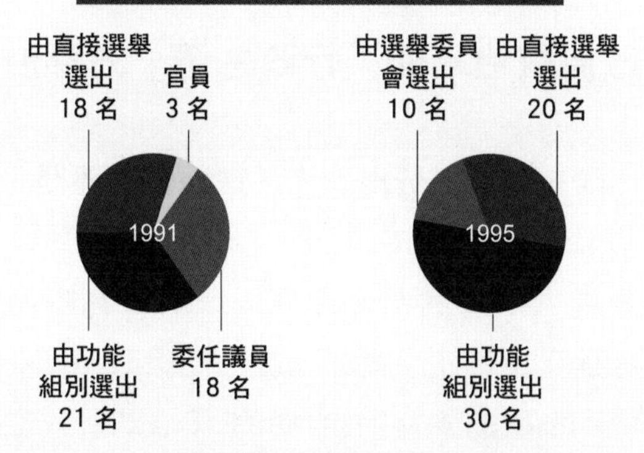


注：民主派議員循直選成為立法局議員，加上官守及委任議員的遞減，新增的功能組別議員亦只須向選民負責，不須事事聽命於政府，政府逐漸失去對立法局的絕對控制權。

注：資料出自劉騏嘉、余倩蕊（1996）《八十年代以來香港的政治發展》，香港：立法局秘書處，頁 8。

## 彭定康時代行政與立法關係的演變

彭定康的政改方案，對行政與立法的關係帶來三個影響：其一是取消立法局內的官守與委任議席，使政府在推動或反對草案時**更加需要得到民選議員的支持**。其二是徹底取消港英政治體制中強化行政主導的「雙重委任」，**行政與立法徹底分家**（即行政局議員不能兼任立法局議員），降低了由港督委任的行政局議員對立法局的影響力。最後，1993 年以後，立法局主席一職，由議員互選產生，加上兩局議員辦事處的取消，使**行政、立法兩局失去有效的溝通渠道**，容易導致行政與立法的對立，兩者關係從過去的秘密協商而變得公開化。

此外，民選立法局議員要向選民交代，自然也提高了對政府問責的要求，使後過渡期及回歸後香港政治的「行政主導」運作模式面臨極大的挑戰。

notes.

1991 年，立法局在 34 票贊成，11 票反對及 4 票棄權下，無視政府的游說，否定中英關於終審法院的協議。這是港府首次在重大事項上不能取得立法局的支持，成為殖民地史上的創舉。

重點

直選議席的引入，給傳統「行政主導」的管治模式帶來極大衝擊。

11.4

# 公務員體制，你知道多少？

## 戰後公務員隊伍不斷擴大

香港的公務員制度，主要是**仿效英國的文官制度**而建立。管治香港的高級公務員，**主要來自英國殖民地公務員**（1954 年以後改稱「英國海外公務員」），由英國殖民地部負責招聘與調配。戰後香港社會與經濟事務日趨繁重，新的政府部門相繼成立，如 1961 年人民入境事務處及消防事務處從警務處獨立，成為新的部門，迫使政府擴大公務員體制。

## 公務員的「本地化」

1936 年港府開始推行公務員「本地化」政策，但僅限於低級職位。二戰後港英政府為了爭取華人的支持，於 1948 年任命徐家祥為首位華人官學生。1960 年港府將「官學生」改稱「政務官」。1972 年，港府聘請麥健時管理顧問公司（McKinsey & Company），檢討現行公務員體制，後按其建議加快實行**文官「本地化」：透過晉升中層本地官員，改變上層官員結構的比例**；同時也重視部門的專業人才對決策有較闊的參與空間。但整體來説，屬於「通才」的政務官仍然在公務員體系內佔有主導地位。

1988 年香港公務員有 182,843 人，98% 以上為本地僱員，外籍人士所佔比例不到 2%；但直至 1980 年代末，警察、律政司署、海關部門首長等敏感職位，仍然由英國人出任。**直到回歸前夕，港府才將高級職位開放予華人**。如 1989 年李君夏出任警務處長，1993 年陳方安生出任布政司，1995 年曾蔭權出任財政司。

有學者指出，這些華裔高官長期受英國官員領導，缺乏政策視野和管治意志，在英國撤離香港最後一刻雖晉身管治核心，但要突破「執行者」，成為「管治者」，有相當的難度。

重點

直到回歸前夕，港英政府才將高級職位開放予華人擔任。

## ·港英政府時代香港公務員制度的特點·

對希望加入公務員隊伍及無政治背景的人士，提供平等的機會。

制定完整的詮敘規例，適合全體公務員，並收集對政策的反應。

堅持所有職位由最有資格的人擔任，並提供各種專業培訓。

制定各種法規、條例和規定，規範公務員的行為與待遇。

重視人力規劃和領導層接替規劃。

notes.

香港首位女政務官是歐露芙，於 1959 年被委任；首批三位華人女政務官則於 1961 年受聘，其中包括後來成為首位華人布政司的陳方安生。

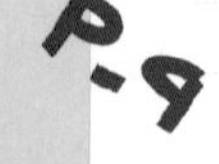

# 成為支柱的中資財團

## 改革開放前：中資的業務發展有限

**中資是指來自中國內地的資本**。1950 年代，中國進行社會主義改造，實行計劃經濟，香港中資機構的核心業務是**開展中國內地與海外的貿易代理及中轉業務**。

## 改革開放時期：中資在香港發展迅猛

1978 年內地實施**改革開放**，中央政府將權力下放，內地各部委、省市相繼在香港直接設立貿易**「窗口公司」**，負責進出口貿易、招商引資、內外聯絡及接待等工作。1978 年香港中資企業總數只有 122 家，至 1989 年總數超過2,500家，出現管理失控情況。1989至1991年間中央政府對駐港中資機構進行整頓，保留了約1,500家企業。

## 中資財團成香港經濟支柱

1983年，香港中國銀行將港澳地區13間成員銀行及附屬公司共14間機構合組成為「港澳中銀（集團）有限公司」，引領了**香港中資企業集團化浪潮**，隨後華潤、光大、中旅、招商局等集團相繼成立。據估計，至1993年底，中資在香港的直接投資累計約200億美元，已超過美、日等國際資本，**成為本地最大的外來投資者**。1994年，**中國銀行**正式成為滙豐及渣打銀行以外的**第三間發鈔銀行**。

重點

**回歸前夕中資取代英資，成為香港經濟的主導力量。**

## ·戰後香港中資企業的發展·

### 1949 - 1978：政府嚴密控制期

- 香港中資企業是國企的重要組成
- 由中國政府直接管轄
- 主要任務是賺取外匯，支持中國建設

### 1979 - 1991：初步發展期

- 中國內地實施改革開放，權力下放，各省市部門相繼在港設立「窗口公司」
- 負責進出口貿易、招商引資、內外聯絡及接待等
- 因無適當監管，易造成國有資產流失

### 1992 - 1997：多元化、實業化發展期

- 依賴內地政府和母公司的政策性扶持
- 面向市場
- 因擴張過快、管理不善、盲目投資而出現危機

### 1997 - 2012：加強監管期

- 金融風暴使中資企業陷入債務危機
- 內地政府注資解困
- 中央政府立法加強監管

在眾多「窗口公司」中，尤以榮智健主政的中信集團發展最為觸目。至 1996 年底，中信泰富總市值達 900 億港元，營業額達 127 億港元。

11.6

# 金融業邁向國際

## 內地改革開放為香港經濟帶來機遇

1980 年代中國推行改革開放，本地製造業北移，香港恢復成為內地的重要轉口港。1983 至 2001 年間，內地經香港的轉口由佔所有有關貿易的 34.9% 升至 60.9%。

內地消費市場的急速擴張，使不少外商都希望進軍內地市場。**香港靠近中國內地，加上具有較為完善的法治制度以及基本設施，成為外商設立地區總部投資內地的首選地。**1990 年，在港設立地區總部的外資公司共有 572 間，1996 年增至 816 間，至 2001 年更增至 944 間。

以外資來源地來分類，美國、日本及英國是在港設立地區總部的頭三名。大量外國資金流入香港，**使資本市場出現國際化的趨向**。1996 年，香港股市各類投資者佔總交易額的比重，來自歐洲的佔 42%，來自美國的佔 30%，內地的佔 0.6%。

## 金融管理局的成立

回歸前滙豐銀行對香港前景出現戒心，宣佈將控股公司和註冊地遷到倫敦（1990），港府遂**將外匯基金升格**，取代滙豐「準中央銀行」的地位。

1991 年 2 月，港府成立**外匯基金管理局**；次年設立「流動資金調節機制」，由外匯基金向有需要的銀行提供隔夜流動資金，加強外匯基金控制銀行體系流動資金水平的能力。1993 年 4 月，港府按照《外匯基金（修訂）條例》，合併外匯基金管理局和銀行監理處，成立**金融管理局**，金融管理局的總裁直接向財政司負責。1996 年金融管理局建立即時支付結算系統，從此金融管理局除了沒有發鈔及政府銀行兩項功能外，**實際上已成為香港的中央銀行**。

重點

「背靠祖國，面向國際」是一九九〇年代香港金融業繁榮的主要因素。

## ·金融管理局的職責·

- 維持貨幣穩定（在聯繫匯率制度的架構內）
- 管理外匯基金
- 協助鞏固香港的國際金融中心地位
- 促進金融體系健全（也是銀行業的發牌機關）

**小結** 除了沒有發鈔及政府銀行兩項功能外，實際上已成為香港的中央銀行。

原來

notes.

有學者認為，滙豐銀行淡出增強了中銀集團在香港金融體系的重要性，港府為了不讓中銀集團坐大，唯有把外匯基金升格至「準中央銀行」。

# 下一步，高等教育

## 大學學額的增加

1990 年代以前，本地的高等教育具有精英制的特點。1981 年大學學位數量僅能滿足 2% 的升學需求。1970 年代香港經濟全面起飛，對高學歷人才需求日漸增加，加上中英談判時期，大量專業人士移居外地，高中畢業生也隨着普及教育的推行而不斷增加，令高等教育學額不足的問題漸趨嚴重。

1989 年港督衞奕信提出大幅增加大專學位的計劃，把適齡青年的大學入學率從 1989 年的 7% 增至 1995 年的 18%。

| 政府的動作 | 香港回歸前的八間大學<br>（括號內為正式正名為大學的年份） |
| --- | --- |
| 原有<br>（1989 年前） | 香港大學（1912）<br>香港中文大學（1963） |
|  創立 | 香港科技大學（1988） |
| 升格 | 香港浸會大學<br>（1994，前身香港浸會學院）<br>香港理工大學<br>（1994，前身香港理工學院）<br>香港城市大學<br>（1994，前身城市理工學院）<br>嶺南大學<br>（1999，前身嶺南學院）<br>香港公開大學<br>（1997，前身香港公開進修學院） |

| 政府的動作 | 香港回歸前的兩間學院 |
| --- | --- |
| 原有<br>（1989 年前） | 香港演藝學院（1984） |
|  合併 | 香港教育學院<br>（1994，由羅富國、柏立基、葛量洪、工商師範及語文教育五家師範學院合併而成） |

在二十世紀結束時，香港共有八家法定大學及兩家法定學院。除公開大學外，均接受香港大學教育資助委員會或公帑資助。

## 大學教育三年制與四年制之爭

**中大實行美國的四年制模式，與港大的英式三年制不同。**1984 年中大推行**「暫取生」招生制度**，中學會考成績優秀的預科生（本來需就讀中六及中七兩年），毋須升讀中七即可申請入學。「暫取生」制度幾乎將中學優異生囊括一空，**港大為爭回優秀生源，作出了將三年學制擴展為四年的決定。**

1988 年 6 月，**因港府不願大幅增加高等教育的財政支出**，發表《第三號報告書》，提出所有受資助的大專機構以完成兩年預科後的中七為收生點，變相將本地大專的學制統一為三年；中文大學亦因港府壓力而改為三年制。

港府強行統一大專三年制，引起四年制大學及大專的抗議，尤以中文大學和樹仁學院最為激烈。最終樹仁學院拒絕接受政府資助，換取維持四年學制。

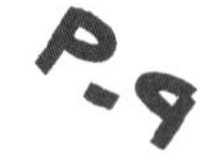

11.8

# 你好！特區政府

## 香港特別行政區籌備委員會的成立

為保證香港的平穩過渡，中國政府成立**香港特別行政區籌備委員會預備工作委員會**（簡稱「預委會」，見11.1），負責籌備設立香港特別行政區籌備委員會的工作。1993 年 7 月，預委會召開第一次全體會議。

1994 年 7 月，國家主席江澤民在會見預委會成員時，提出實現平穩過渡要堅持「以我為主」方針。8 月，全國人大常委會通過議案，決定賦予香港特區籌委會負責籌備特區政府成立等有關事宜。次年 9 月，港澳辦發言人表示港英最後一屆立法局議員，將不能坐「直通車」

過渡成為第一屆立法會的議員。

1996 年 1 月，**香港特別行政區籌備委員會**（簡稱「籌委會」）在北京正式成立，職責為組建香港特區第一屆政府推選委員會、籌辦香港特區成立暨特區政府宣誓就職儀式，以及統籌和推動慶祝香港主權移交的相關活動。

## 董建華獲選為首任特區行政長官

按照《基本法》的規定，**行政長官由推選委員會選舉產生**。特首參選資格有四：

（一）香港特別行政區永久性居民中的中國公民，在外國無居留權；
（二）年滿 40 周歲；
（三）在香港通常居住連續滿 20 年；
（四）獲得若干名選舉委員會委員提名。

1996 年 12 月，由 400 人組成的第一屆**政府推選委員會**選出首任特首。港英政府則發佈指令，禁止首長級公務員、政務主任及警務人員等加入推選委員會。最後董建華以 320 票當選首任行政長官。

1997 年 6 月 30 日午夜至 7 月 1 日凌晨，中英兩國政府在灣仔香港會議展覽中心舉行交接儀式，宣告中國對香港恢復行使主權。中華人民共和國香港特別行政區正式成立。

重點

中央政府以「一國兩制、港人治港、高度自治」為原則籌建特區政府。

## ·回歸前後香港政治體制的主要變遷·

| | 回歸前 | 回歸後 |
|---|---|---|
| 最高長官 | **港督**<br>● 香港最高行政長官<br>● 對英女皇負責，無須對香港市民負責<br>● 由英國政府委任<br>● 除最後一任港督，歷任港督均享有行政、立法、司法等各個領域的大權 | **行政長官**<br>● 香港最高行政長官及特區政府的首長<br>● 對中央政府及香港特區負責<br>● 當地居民推選，再由中央政府任命<br>● 立法會對其有彈劾權 |
| 行政機構 | **行政局**<br>● 港督的最高諮詢機關<br>● 實行「集體負責制」及「保密制」<br>● 行政局議員的委任須得到英國政府批准 | **行政會議**<br>● 特首的最高諮詢機關<br>● 實行「集體負責制」及「保密制」<br>● 成員由特首任免<br>● 解散立法會前必須徵詢行政會議意見 |
| 司法體系 | **香港法院**<br>● 沒有終審權<br>● 上訴人不服判決，可向英國樞密院司法委員會提出上訴 | **終審法院**<br>● 香港最高審級的法院 |
| 立法機關 | **立法局**<br>● 僅是港督的立法諮詢機關<br>● 只能對政府的財政預算提出接受、不接受或減少支出的建議 | **立法會議**<br>● 可自行立法（除了國防、外交等事項外）<br>● 根據政府的提案，審核、通過財政預算，批准稅收和公共開支 |

# 備忘

# 回歸後的香港

## 1997–2012

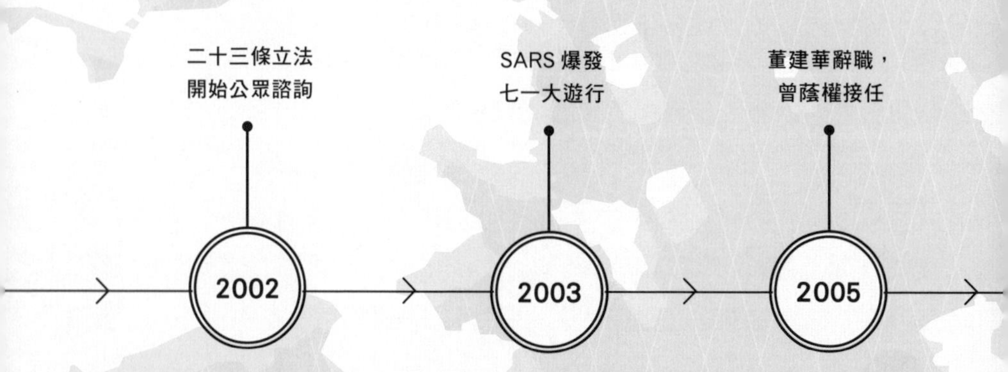

●1997年7月1日零時，香港回歸中國。
中央政府實踐「一國兩制，港人治港」的承諾。

●董建華上台後立刻推行各種改革。

●1997年金融風暴來臨，
衝擊了泡沫經濟，
使不少市民面臨失業及負資產等困境。

●2003年SARS肆虐，
令市民對董建華的施政失去信心。

●政府被指忽視民怨，強行推動「二十三條」立法，
導致「七一大遊行」的爆發。

●中央政府為扶助香港經濟，
推出「內地與港澳關於建立更緊密經貿關係的安排」（CEPA），
幫助香港經濟從谷底回升。

●曾蔭權執政後，香港經濟復甦，
但香港仍然被政改問題所困擾。

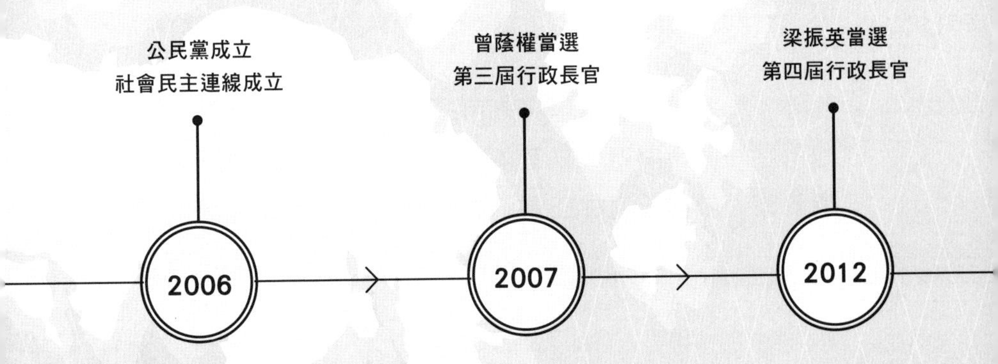

# 12.1

# 面對大考驗的董建華

## 彭定康「遺產」：留給特區政府的政治重擔

末代港督彭定康的**急速政制改革**，提高了市民對政府的期望，也令本地輿論以政治改革改作為衡量董建華施政的首要標準，忽視了他對落實「一國兩制」的貢獻。另一方面，**民選立法局議員**要向選民交代，亦提高了對政府問責的要求。

此外，彭定康是自由市場經濟的支持者，亦有意忽略本地房屋和教育問題。學者指出，港英政府長期維持**高地價政策**；中國政府在回歸前不願見到房屋政策轉變和市民信心下降；不少中資機構在港炒賣房地產，都使香港經濟潛伏不穩定因素，造成亞洲金融風暴後的惡果。

不同於港英政府對**教育改革**的迴避態度，董建華政府銳意加快教育改革的步伐，予教育界人士莫大的壓力。再者，彭定康時代大幅提升公務員薪酬與公共福利開支，董建華政府為了削減財政赤字而提出調整，必然惹起公務員及民眾的反感。

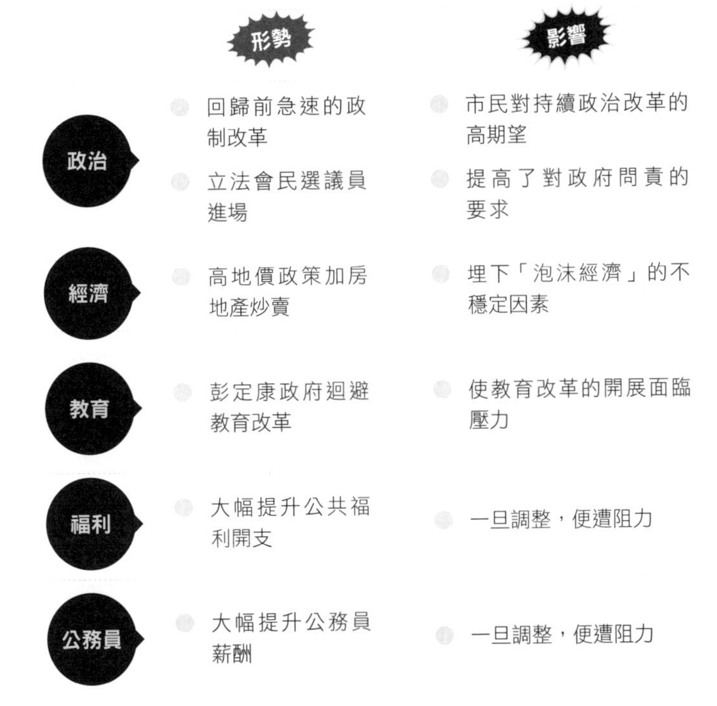

**董建華政府的施政失誤，除自身因素外，亦受港英政府留下的政治重擔所累。**

## 董建華及其管治班子的失誤

董建華從政經驗有限，執政初期推行**「半部長制」**，即由非公務員出身的行政會議成員肩負政策制定的責任，但高級公務員必須在立法會負責解釋和推銷政策，改變了傳統上由高級公務員獨攬政策制訂大權的做法，對他們構成政治和心理威脅，**為董建華與高級公務員的衷誠合作造成障礙**。

此外，董建華政府的**危機意識相對薄弱**。如在 1997 年禽流感事件爆發後，衞生署和漁農處因反應緩慢而遭輿論指責。2000 年 7 月，發生香港大學民意調查風波，有關官員未有主動公佈事件詳情，消除公眾疑慮，令董建華的民望再受打擊。

notes.

香港大學民意調查風波，即港大民意研究計劃主任鍾庭耀指董建華透過「中間人」施壓，要求停止有關行政長官及政府的民意調查（事實上，這種施壓手段在英治時期屢見不鮮），引起社會巨大迴響。隨後港大的獨立調查小組證實特首助理路祥安涉及事件。

# 越過高山越過谷的香港經濟

## 亞洲金融風暴

回歸前香港在「回歸效應」影響下，地產市場與股市出現**過度炒賣**現象， 形成**泡沫經濟**。1997 年 7 月，泰國首先爆發金融危機，風暴隨後蔓延至馬來西亞、韓國、印尼等國家。

同年 10 月起，投機者大量拋空港元和本地藍籌股，利用國際媒體唱淡港股，累積恒生指數期貨淡倉，企圖迫使香港放棄聯繫匯率，令港元幣值大跌來獲利。

次年 8 月，港府決定**入市干預市場**，動用外匯儲備購入

大量港股迫使炒家放棄沽空活動，一度佔有港股 7% 的市值，最後成功擊退炒家。

金融風暴期間，香港的股市、匯市大跌，樓市泡沫爆破，引致**大量公司倒閉**。同時由於周邊地區貨幣貶值，港元卻保持原有幣值，不利於經濟恢復，**失業率**上升至6.2%。

## 內地與港澳關於建立更緊密經貿關係的安排（CEPA）

2003 年 SARS 事件時期，香港經濟持續低迷，中央政府與港澳簽訂**《內地與港澳關於建立更緊密經貿關係的安排》**（縮寫 CEPA）。在 CEPA 的安排下，大部分香港生產的貨物、提供的服務都能夠以**零關稅**進入內地市場，港商到內地投資、通關等手續亦簡化。同時又啟動**「自由行」計劃**，大量內地居民來港購物和投資，刺激香港的零售業、飲食業、金融業及房地產業的復甦。

CEPA 的簽署使雙方的經貿往來更加緊密，促進內地與香港進一步經濟融合，而且最終帶動香港走出經濟谷底。可是 CEPA 也對香港構成負面影響：CEPA 的受惠者主要是北上投資的港商和本地服務業，對社會低下階層的就業幫助不大，反而**加深了本地日益嚴峻的貧富懸殊現象**，同時也使香港經濟繼續**向服務性行業傾斜**，不利產業多元化的發展。

重點

回歸後香港的經濟出現了 U 型反彈。

## ·回歸後香港經濟特點及困境·

1 服務業持續擴張，製造業繼續收縮，易受全球經濟氣候影響。

佔總就業人口比例

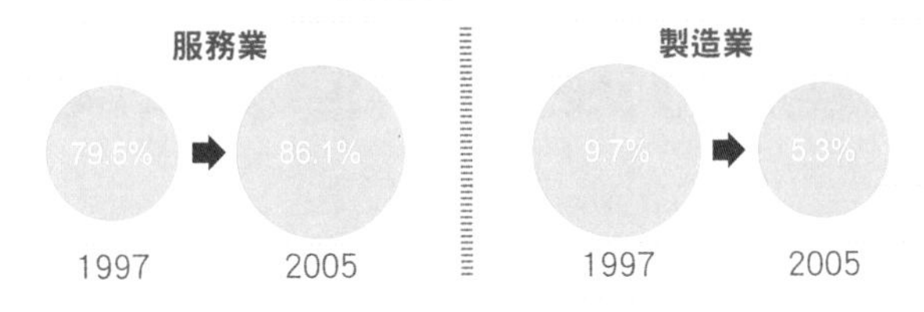


2 產業結構向高效率行業集中，對低學歷、低技術勞工吸納有限。

服務業中，勞動生產率最高的行業佔 GDP 比重上升

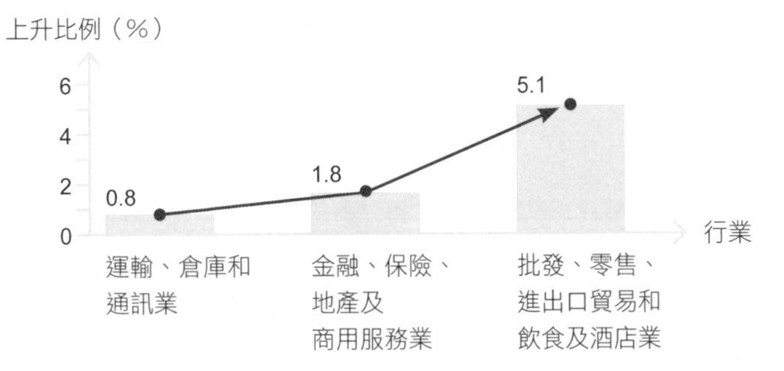


3 服務業繼續朝生產性和外向型方向發展。

notes.

- 金融風暴過後，1999 年 11 月，政府把購買的港股以盈富基金上市，分批售回市場。
- 截至 2006 年，因 CEPA 而創造的職位有 36,000 個，大半都來自「自由行」計劃。

12.3

# 房屋問題是個大問題

## 八萬五房屋政策

鑑於回歸前樓市炒賣情況熾熱導致樓價急升，私人市場供不應求，董建華於 1997 年發表首份施政報告，提出由 1999 年開始，每年興建不少於 85,000 個公私營房屋單位，使全港 70% 的家庭能於十年內自置居所。

未幾香港遇到亞洲金融風暴的衝擊，樓價大幅下降 60%。2000 年董建華被傳媒追問時，承認自 1998 年開始推出新的穩定樓價措施後，八萬五房屋政策已不復存在，引起社會輿論嘩然。

## 「負資產」的出現

所謂「負資產」，是指物業的市價低於原先用來購買物業的借款（樓宇按揭）。這種現象通常在物業價格普遍下跌後發生。借款人無力償還購買物業的借款，貸款人轉賣抵押的物業，所得款項無法抵償貸款，**借款人在失去物業的同時，依然負債**。1997 年以前，環球利率高企，本地按揭貸款年利率高達 10% 以上，但仍有不少香港人以分期付款方式購買物業。亞洲金融風暴爆發後，面對減薪、裁員，不少人被迫將物業低價變賣套現，成為負債者。

## 「地產霸權」？

為防止亞洲金融風暴導致樓價急劇下跌，政府曾推行一系列措施（如取消居屋計劃等）以穩定樓價。隨着金融風暴以及 SARS 的陰霾逐漸散去，住宅物業價格自 2004 年開始回升，2008 年金融風暴後價格更大幅上漲，加上本地借貸利率低企，**內地資金湧入香港炒賣房產**，部分物業價格已超越 1997 年的水平，**升斗市民無力置業**。不少輿論指責大地產商壟斷房地產市場，謀取暴利，**要求政府干預市場**的呼應不絕於耳。

樓市是香港經濟的寒暑表。

## ·政府房屋政策的兩難困境·

| 措施 | 後果 |
| --- | --- |
| **壓抑樓價** | |
| ● 大增土地供應 | ● 地價下跌，嚴重影響政府財政收入 |
| ● 恢復興建居屋 | ● 地產價格大跌，容易造成負資產 |

VS

| 措施 | 後果 |
| --- | --- |
| **放任地產市場** | |
| ● 房地產炒賣活動持續 | ● 形成資產泡沫，導致金融危機 |
| ● 停建居屋 | ● 年輕人無力買樓<br>● 貧富差距擴大，不利社會和諧 |

# 爭吵不斷的教育改革

## 母語教學的推行

香港向來是一個**重英輕中**的商業社會，英文中學學生的出路往往較中文的為佳，導致回歸前使用英語授課的中學不斷增多。1996 年教統會發表《第六號報告書》，支持推行母語教學，政府強制大多數官立及津貼中學改用中文教學，只允許其中 114 間保留英文教學，引起社會廣泛爭議。

母語教學推行後**標籤化**了英文中學與中文中學之差異，**家長視中文中學為次等學校**。由於英文中學集中於港島及九龍，新界區學童較難取得英中學位，造成不公平現象。

# 三三四高中教育改革

回歸前，香港中學體制主要仿效英國式七年中學課程（初中三年、高中兩年、大學預科兩年）。2005 年教統局發表《高中及高等教育新學制——投資香港未來的行動方案》，落實**三三四新學制**（三年初中、三年高中以及四年大學），計劃於 2009 年實行。除了**中、英、數和通識教育成為核心科目**外，高中學生須從二十個新高中科目或職業導向科目中，選修兩至三個科目。新學制下，**香港中學文憑考試**將取代香港高級程度會考及香港中學會考，成為唯一的公開考試。

**新學制的優點**

- 兩個公開試縮減為一個，有助減輕學生的學習壓力。
- 促進學習生活的多元化發展。
- 高中科目可自由選修，不再有文理商科之分，兼顧了學生的學習能力。

**新學制的弊端**

- 會考、高考二合為一，「一試定生死」之下，可能反過來加重了學生的學習及考試負擔。
- 政府無法清晰指出文憑試英文科的合格水平，令不少海外院校拒絕承認文憑試的英文成績。
- 迫使有志到外地升學的學生須另外考 IELTS、托福等國際試。

## ·回歸後推行的教育改革·

| | 推行目的 | 內容 | 衍生問題 |
|---|---|---|---|
| 1998<br>**母語教學**<br>事與願違 | 改變重英輕中傳統<br><br>減少學習障礙 | 強制大多數官立及津貼中學改用中文教學 | 標籤化了英文中學與中文中學的差異 |
| 1998<br>**外籍英語教師計劃**<br>飽受詬病 | 提升英語教學質素 | 聘外國專業英語教師來港執教 | 因聘用薪酬過高、教學效果備受質疑而被輿論詬病 |
| 2000<br>**教師語言能力評審**<br>招致反對 | 提高教師語文能力 | 強制教師參加「基準試」，若未能於2005/2006年度達標，將面臨失業 | 予教師沉重壓力，引起教育界激烈反對 |
| 2004<br>**校本管理**<br>遭到反對 | 提升學校管理質素 | 規定校董會應加入經選舉產生的家長、教師及校友代表，辦學團體代表將減至60% | 天主教、基督教等教會團體擔心削弱教會的辦學理念及自主權，激烈反對 |
| 1998<br>**新高中課程改革**<br>遭受批評 | 使香港教育制度與國際接軌<br><br>減輕學生壓力 | 落實三三四學制<br><br>設文憑試為唯一公開考試 | 「通識教育」因內容過廣、配套支援不足、不易列出客觀評核標準受輿論批評 |

**重點！**

**回歸後的教育改革用意雖佳，仍有很多值得改進的地方。**

12.5

# 居港權與人大釋法的爭議

## 《基本法》對「最終解釋權」的規定

按照《基本法》第 158 條規定，《基本法》最終解釋權屬全國人大常委會， 但亦規定香港法院可就有關香港自治範圍的事務解釋《基本法》。香港法院審理案件時，如需對《基本法》內關於中央政府管理的事務，或內地與香港關係的條款進行解釋，而該條款的解釋又會影響判決，則應向全國人大常委會請求解釋。

## 居港權的爭議

據《基本法》第 24 條規定，香港永久性居民在香港以外所生中國籍子女，均為香港居民，享有香港的居留權。但《基本法》卻沒有列明他們在獲得永久居民身份前，所生子女和非婚生子女能否成為永久性居民。回歸後，不少無證兒童的父母為他們向法院申請居港。1999 年 1 月，終審法院就吳嘉玲案作出判決，裁定任何在港居留達七年的港人，子女無論何時出生，都應享有居港權。裁決引起社會的廣泛爭議。特區政府指稱判決將導致 1,675,000 人享有居港權，涉及額外 7,100 億港幣財政預算，並且每年需要 330 億額外經常性開支運作。**董建華根據《基本法》第 43 條與第 48 條的規定，向國務院提請人大釋法，解釋立法原意。**

全國人大常委會對《基本法》第 22 條與第 24 條進行解釋，指出終審法院判決不合乎立法原意，不論在回歸前或後出生，其父或母其中一方須為香港永久性居民，才可擁有居港權。全國人大常委會指出此解釋不影響終審法院 1 月的判決，但以後均需以此解釋為準。部分香港市民**擔心人大釋法可能有損香港司法的獨立性**。

重點

人大釋法引起部分港人對中央政府干預香港司法的憂慮。

## ·回歸後至 2011 年為止的四次釋法·

第一次
1999

——背景——
**吳嘉玲案的判決**

——結果——
人大常委會指出終審法院判決不合立法原意，內地婚生與非婚生子女須符合其父或母任何一方為香港永久性居民，才可享有居港權。

第二次
2004

——背景——
**平息香港政制爭議**

——結果——
全國人大認為香港各界未能就政制改革產生共識，決定 2007 年行政長官不經普選產生。

第三次
2005

——背景——
**董建華在任內提出辭職要求**

——結果——
人大常委裁定在 2007 年以前，行政長官如在任中離任，新任行政長官的任期應為原任的剩餘任期。

第四次
2011

——背景——
**美國基金公司向剛果民主共和國追討欠債**

——結果——
終審法院主動就此提請人大常委解釋事件是否涉及國家行為，以及剛果政府屬下公司是否擁有外交豁免權。人大常委表示：政府應對剛果實施「絕對外交豁免權」。

# SARS，二十三條，七一大遊行

## SARS 事件

2003 年初，全球爆發非典型肺炎，香港成為重災區，造成 299 人死亡。**輿論指責香港衞生部門對疫情處理遲緩**，衞生福利及食物局局長楊永強引咎辭職。SARS 事件對本地旅遊、零售、飲食等行業造成嚴重打擊，香港陷入回歸以來經濟狀況最嚴峻的時期，失業率增至 8.7%，民間瀰漫着對政府的不滿。

## 「二十三條」立法的爭議

按照《基本法》第 23 條的規定，特區政府應自行立法

禁止任何叛國、分裂國家、煽動叛亂、顛覆中央人民政府及竊取國家機密的行為，禁止外國的政治性組織或團體在香港進行政治活動。2002 年底，政府就叛國、顛覆及分裂國土等罪行問題向公眾徵詢意見，引起社會極大爭議。部分人士認為政府就「二十三條」所立的《國家安全法》，條文含糊，可能會**剝奪市民的自由及權利**，而且立法過於倉促。政府在推銷立法時被指**欠缺公關手腕**，保安局局長葉劉淑儀多次到各大學解釋政府政策，與學生鬧得不歡而散，其言論亦被親泛民的傳媒多番誇大報道，激起市民反「二十三條」的情緒。

## 七一大遊行及董建華辭職

回歸以來，香港經濟下滑，董建華政府施政的失誤及不少負面新聞，使特區政府出現管治危機。2003 年 7 月 1 日，由於 SARS 事件及「二十三條」立法爭議，加上部分傳媒有意鼓動，**50 萬香港市民上街遊行**，抗議政府施政失誤，要求董建華下台。

自由黨主席田北俊因反對政府倉促立法，辭去行政會議成員職務；隨後葉劉淑儀亦宣佈辭職。2004 年 12 月，董建華出席澳門回歸五周年活動時，被國家主席胡錦濤要求「總結經驗、查找不足、不斷提高施政能力和管治水平」。2005 年 3 月，董建華以身體不適為由，向中央辭去特首職務。

重點

**七一大遊行是董建華執政以來民間積怨的總爆發。**

## ·七一大遊行爆發的背景·

**特區政府施政的缺失**

- 未能取得公務員全力支持
- 未能完全滿足市民問責政府的要求
- 對 SARS 事件處理失當

**香港陷入經濟困境**

- 不少中產階級面臨失業危機
- 公務員薪酬與福利被迫削減

**特區政府爆出連串醜聞**

- 居屋短樁醜聞
- 時任財政司司長梁錦松購車避稅醜聞

**強推「二十三條」立法**

12.7

# 對立！分裂！政黨政治

## 行政與立法對立的加劇

自立法局引入直選議席及取消委任議員後，**政府逐漸失去對立法局的主導權**。1996 年 12 月，立法局議員劉慧卿對董建華提出不信任動議；民主黨議員亦以特首並非由普選產生為理由，對董建華的治港理念予以抨擊，並宣佈拒絕參選臨時立法會，形成民主派議員與董建華政府對立的形勢。

1998 年第一屆特區立法會選舉後，民主派議員重返立法會，行政與立法關係再度處於緊張狀態。**董建華政府希望強化行政主導**，限制立法會議員修訂政府法案的權限，並沿用殖民地時代的做法，當政府官員不同意議員修改政府草案時，便收回提交立法會討論的草案，造成兩敗俱傷的局面。

## 新政黨的形成

回歸初期香港的政黨大致分成**兩大陣營**，即**親建制派**與**泛民主派**。親建制派以民建聯及自由黨為主，傾向支持政府；泛民主派則由民主黨、前線及民協組成，主張爭取普選特首。但由於民主黨部分少壯派人士認為黨內作風保守，加上不易取得參選機會，紛紛退黨另謀發展。

2006 年「公民黨」及「社會民主連線」（簡稱「社民連」）相繼成立。公民黨的前身為由法律界及其他專業人士組成的「《基本法》二十三條關注組」，**強調維持法治及爭取普選**。「社民連」則由社運人士及前民主黨成員所組成，走**較激進的街頭路線**，吸引傳媒關注。2011 年 1 月，退出「社民連」的黃毓民、陳偉業另組名為「人民力量」的政治組織。該組織**指責民主黨立場過於保守**，並在 2012 年區議會及立法會選舉中搶奪民主黨選票，因此兩者的關係相當惡劣。

重點

特區政府與泛民主派的對立，以及泛民陣營的分裂，是回歸後政黨政治的主要特點。

**· 回歸後香港政黨的特點 ·**

**政治態度、政治傾向明顯**
- 採取中間路線不易取得民眾普遍支持

**不可能通過選舉成為執政黨**
- 受《基本法》制約，只能在議會中擔當監督、制約政府的角色

**規模相當有限**
- 大多數十人到數千人

**大多組織鬆散**
- 普遍缺乏紀律性

**法律地位是「公司」或「社團」**
- 香港無政黨法，政黨都據《公司條例》或《社團條例》登記

- 激進的民主派議員在立法會會議上不斷以擲物、辱罵官員等形式進行抗爭。
- 2008年行政長官曾蔭權在立法會宣讀《施政報告》時，議員黃毓民突然向曾蔭權站立的主席檯前投擲三隻香蕉，以示對報告內容不滿，有意見認為這是香港有史以來在立法會的首宗「議會暴力」事件。

# 社會運動，「八十後」的新戰場

## 「八十後」面臨的困境

所謂「八十後」，廣義上是指 1980 年代及以後出生的香港人，狹義則指在那一代人中活躍於社會運動的年輕人。

自 1980 年代起，香港經濟急速發展。這時期出生的一代，物質生活富足，教育水平大大提高，**對香港抱有濃烈的歸屬感**，普遍認同西方民主與人權等價值觀，對舊建制抱有懷疑態度，**國家民族意識相對薄弱**。

「八十後」對新科技與資訊的掌握，遠較上一代為強，**但發展境遇卻比上一代人悲觀**。回歸後，香港整體經濟發展速度放緩，貧富差距增大，「八十後」在職場上的待遇遠較前人為差。

以公務員為例，回歸後政府削減新入職公務員的薪津水平，又採用外判或合約形式招聘部分低級公務員，薪酬較舊制入職的公務員相差近半。由於大學生供過於求，私營機構新聘的大學畢業生薪金可能較體力勞動者為低，升職前景亦較上一代為差，更要面對內地來港專才的競爭。不少「八十後」對前景感到悲觀，在期望與現實出現落差的情況下，遂積極參與「反建制」的抗爭活動。

## 社會運動的新形態

回歸後，本地社會運動與港英時代相比，有兩個差異：其一是**抗爭目標**。1970 至 1980 年代的社會運動，主要是爭取民主政制、改善自身待遇或抗議施政不公；回歸後社會運動則**加入環境保育、文物保護和集體回憶等議題**。

其二是**動員模式**。1970 至 1980 年代社會運動，主要依靠民間組織成員間的個人關係發動，學生組織與專業人士（如社工）是主要參與者；回歸後則主要**靠互聯網進行動員**，組織上較為隨意，並無既定成員，以游擊方式從網絡上召集支持者，並會用嘉年華、苦行等新形式示威遊行。社民連和人民力量（見 12.7）等政黨組織，也經常利用互聯網號召民眾聲援他們所主辦的抗議活動。

重點

「八十後」的困境與互聯網的出現，改變了本土社會運動的形態。

## ·戰後的四代香港人·

### 第一代 1945 或之前出生

**成長背景**

- 大多不是生於香港，只視香港為暫時棲身地
- 經歷二戰及國共內戰，有憂患意識

**特點與訴求**

- 以家庭利益為首要考慮
- 對政府無太大要求

### 第二代 1946 - 1965 出生

**成長背景**

- 在競爭與擁擠的環境中長大，認同競爭的重要性

**特點與訴求**

- 部分人受西方潮流文化影響，曾參與社會運動
- 因經濟發展造就機會，在社會中取得不同程度的成功

### 第三代 1966 - 1975 出生

**成長背景**

- 生於家庭計劃廣泛推廣時期

**特點與訴求**

- 受本土通俗文化薰陶
- 接受高等教育的機會較上一代多
- 對香港有強烈歸屬感

### 第四代 1976 - 1990 出生

**成長背景**

- 長於香港物質最豐裕期

**特點與訴求**

- 認同西方民主與人權等價值觀
- 對舊建制抱有懷疑的態度
- 國家民族意識相對薄弱

12.9

# 丁權？特權？

## 丁屋政策的起源

丁屋政策即「新界小型屋宇政策」，是**港英政府針對新界原居民土地權益的政策**。

二戰後，香港邁向工業時代，土地需求日增，港英政府從鄉民手中收回大量土地作發展用途，由於收地賠償額過低，以及限制村屋的興建，引起村民激烈抗爭。為得到新界原居民的支持，港府決定於 1972 年 12 月實施新界小型屋宇政策。

## 政策的內容和影響

「新界小型屋宇政策」

**資格**
- 年滿 18 歲
- 父系源自 1890 年代新界認可鄉村居民的男性原居民

**規限**
- 一生一次
- 於認可範圍內建造一座丁屋
- 最高三層（上限 25 英尺，至 1984 年放寬為 27 英尺，由地基起計算），每層面積不超過 700 平方英尺

**優惠**
- 無須向政府繳付地價

「限制買賣轉讓條款」

- 擁有丁屋的原居民，如欲把丁屋出售及轉讓予非原居民，需向政府申請及補償地價，並取得地政專員書面同意，方可進行。

## ·圍繞丁屋政策有哪些爭議？·

**僭建問題**

- 不少丁屋面積、層數超過政府規定

**買賣問題**

- 不少鄉民出售丁屋乃至建屋權利
- 發展商收購丁權的情況亦很普遍

丁屋產生了很多問題，必須加以解決！

港府

不公平！丁權是搞特權！

非原居民的香港市民

丁權是新界原居民的合法權益，不容改變！

新界原居民

**丁權資格爭議**

- 海外原居民有否丁權？
- 女性無丁權是否性別歧視？

**政府批核緩慢**

- 處理申請效率低下，申請興建丁屋手續繁複新界民政署長黎敦義（Denis C. Bray）強調丁屋只是一項中短期措施，目的是讓原居民獲得環境較佳的居所，並不承認原居民擁有特權。

回歸後，按照《基本法》第四十條規定：**新界原居民的合法權益受特區保護。當中的「合法權益」就包括了丁屋權利**。

丁屋政策雖然確立了村民建屋的權利，但是政府和村民就丁屋的興建、審批土地時間、繼承權方面仍然存在多種爭議。另外，一些非新界居民質疑丁屋買賣破壞了丁屋政策的原意；保育團體也針對興建丁屋所造成的生態環境破壞，與新界原居民作出交涉。

當年港府還規定在鄉村範圍內的屋宇（包括丁屋），可獲豁免繳交差餉，直至回歸後仍然生效。

**重點**

**「丁屋」問題因牽涉到新界原居民的現實利益，引起後者的激烈抗爭。**

12.10

# 曾蔭權的管治

## 曾蔭權接任特首

2005 年 3 月，董建華以健康理由辭去行政長官職務，政務司司長曾蔭權成為署理行政長官，其後於 2005 年 6 月當選行政長官，接替董建華的餘下任期，及後於 2007 年當選第三屆行政長官。受惠於 CEPA、「自由行」（見 12.2）等內地對港的優惠政策，香港經濟從谷底攀升，成為提高曾蔭權民望的助力；香港公共財政出現大量盈餘，也使他可以**加大福利開支爭取民意支持**。

政治上，曾蔭權繼續推行問責制，並鑑於董建華與民主派的對立所引起的紛爭，遂推行**政改方案**，回應民主派的改革要求。經濟上則減少新產業的投入，轉為依賴以內地企業上市及投資移民所牽引的**金融及地產業**推動香港經濟。可是曾蔭權的房屋政策，明顯**傾向照顧大地產商的利益**，飽受輿論批評。

## 政制改革與變相五區公投

在曾蔭權任內，要求普選特首的呼聲不絕於耳。政府於 2005 年 10 月發表**《政制發展專責小組第五號報告》**，建議將 800 人組成的行政長官選舉委員會增至 1,600 人，立法會分區直選與功能界別各增加 5 席（合共 10 席），於 2007 年行政長官選舉以及 2008 年立法會選舉推行。該方案最終因**不獲民主派支持**而未能在立法會通過。

2007 年 12 月，全國人大公佈 2017 與 2020 年香港可實施普選行政長官以及立法會，亦可修改 2012 年行政長官和立法會選舉辦法。雖然中央政府願意加快本地民主發展步伐，但以社民連和公民黨為首的民主派卻推行五區公投，即五位泛民主派立法會議員辭職再進行補選，**推行變相公投向特區政府與中央政府施壓**。不過，五區公投**得不到大部分市民支持**，民主黨亦不認同及不參與是次公投，最終投票率只得 17.1%。2012 年 3 月，香港舉行第四屆特區行政長官選舉，梁振英擊敗唐英年及何俊仁，當選第四屆行政長官。

重點

曾蔭權的施政基本上是對董建華時代的延續與修正。

## ·董建華與曾蔭權施政之比較·

| 董建華 | | 曾蔭權 |
|---|---|---|
| **擺出「有為政府」姿態**<br>後放棄干預原則，轉回「小政府」姿態 | 主要方針 | **延續董建華後期的方針**<br>**堅持市場主導原則** |
| **與民主派關係欠佳**<br>**推行主要官員問責制** | 政治 | **意圖改善與民主派的關係**<br>**繼續推行問責制** |
| **推動新產業振興香港經濟** | 經濟 | **對新產業投入有限** |
| **提出「八萬五房屋政策」** | 房屋 | **繼續停建居屋**<br>傾向照顧大地產商利益 |
| **推行教改**<br>引起教育界激烈反對 | 教育 | **避免推行激進的教改**<br>**鼓勵興辦私立大學** |
| **實施「強制性公積金計劃」**<br>**增加社會福利開支** | 民生 | **繼續增加社會福利開支**<br>**推行「十大基建」計劃** |
| **削減公務員的薪津待遇** | 公務員 | **增加公務員的薪酬** |

notes.

有學者指出，民主派否決《政制發展專責小組第五號報告》中提出的政改方案，不單令政制原地踏步，更重要的是使民主派無法透過特區政府與中央進行良性互動，只會加深彼此的猜疑，使香港民主運動陷於困局。

P.9

# 備忘

# 尋找新方向的香港

2012
▼
2020

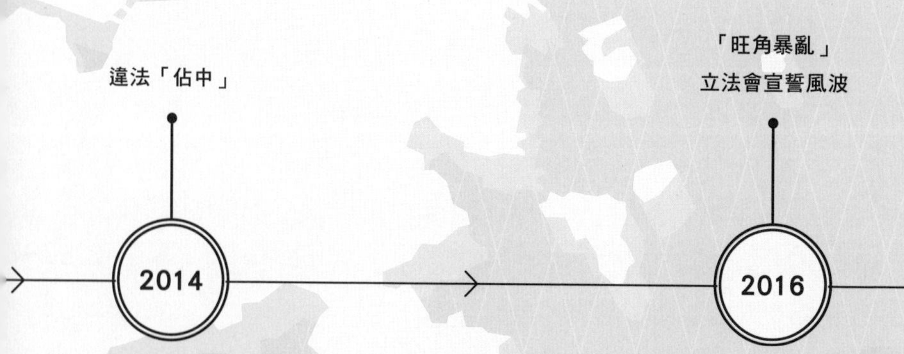

● 2012-2020 年是香港的多事之秋。

●自回歸後，內地與香港在政治及民生問題上矛盾不斷。

● 2014 年，全國人大常委會作出「八三一決定」，
「佔領中環」運動發起人戴耀廷、陳健民、朱耀明
宣佈啟動佔領運動。

●違法「佔中」後，社會裂痕未能修補；
「旺角暴亂」、宣誓風波等事件體現了
香港正面臨政治困境。

● 2019 年，《逃犯條例》引爆政治風暴，
整個香港社會被捲入「修例風波」。

● 2020 年，全國人大常委會議決通過港區國安法。

特區政府向立法會提交《2019 年逃犯及刑事事宜相互法律協助法例（修訂）條例草案》

2019

國安法在香港實施

2020

13.1

# 內地與香港的矛盾加劇

## 矛盾的根源

自 1949 年後，中國內地與香港因長期分離，在政治、社會、經濟各方面出現巨大差距。回歸後大量內地新移民透過家庭團聚、專才及投資移民計劃移居香港，**被不少本地人視為跟他們爭奪香港的公共資源**。中資在香港經濟中逐漸處於主導地位，內地文化與普通話在香港逐漸流行，加上傳統「恐共」心理和部分媒體的渲染，部分港人因而對內地產生一種**恐懼**甚至**敵視**的心理。

## 自由行所引發的問題

自 2003 年中央政府為刺激香港經濟，實施**「自由行」政策**，造成大量內地旅客來港消費，但特區政府卻缺乏完善規劃，**過多遊客給本地居民帶來不便**，不滿情緒自民間滋生。

2008 年中國內地發生「奶製品污染」事件，內地居民來港搶購奶粉，引起本地居民的不滿，特首梁振英雖然在 2013 年實施「限購令」，但始終不能紓緩部分港人對內地居民的反感。

自由行也刺激了內地與香港間的**水貨客問題**，水貨客利用兩地物價的差距謀取利潤。雖然在 2015 年以後，內地與香港雙方嚴厲打擊水貨活動，內地的專業水貨客近乎絕跡，現存的水貨客多屬香港身份證的持有人，收購水貨的商家則多為內地居民，但水貨客的活動已**為本地居民的生活構成困擾**，反水貨客的活動持續不斷。

重點

「自由行」帶動香港零售業，但因政府規劃失當，也帶來嚴重的民生問題。

## ·聽聽居民對「水貨客」問題的心聲·

反對政府持續一簽多行政策！
反對政府無視民怨！

每日有數以千計水貨客在車站內外交收水貨，嚴重擾亂社區秩序！

水貨客滋擾市民的日常生活，他們在搶購我們的日用品，令區內超市及連鎖店大排長龍！

水貨客聚集裝貨的街道已形同垃圾崗！

巴士線淪為水貨客專巴，影響本地乘客！

notes.

2013年3月，香港保安局局長黎棟國指出根據深圳海關數字，在經常往返兩地的水貨客中，香港水貨客與內地水貨客的比例為6:4。

# 「普選」爭議

## 因「普選」要求而引發的爭議

2007 年全國人大常務委員會確定香港可於 2017 年用全民選舉的形式選出特區行政長官，但方法尚未確定。2013 年香港大學副教授戴耀廷、香港中文大學教授陳健民及基督教牧師朱耀明倡議「佔領中環」的構想，**用非暴力的公民抗命的形式爭取「普選」**。

中央政府一方面對實施西方式的「普選」的成效有所保留，亦擔心假如**「普選」選出一位「反共」或不能與中央政府合作的特首**，勢必會使「一國兩制」陷入危機。2014 年 6 月國務院發表《「一國兩制」在香港特別行政區的實踐》白皮書，強調「一國兩制」中的「兩制」只能從屬於「一國」，特首人選必須「愛國愛港」；普選制度「必須符合國家主權、安全和發展利益」。

同年 8 月，全國人大常委會為 2017 年特首選舉的方法設下框架（簡稱**「八三一決定」**或**「八三一框架」**），要求每位候選人須取得提名委員會半數成員的支持，方能取得候選人的資格。**這個安排被民主派人士稱為「篩選」**，認為是明顯針對民主派人士。

## 「佔中」始末

2014 年 9 月，泛民及其支持者發起遊行，香港專上學生聯會亦發起罷課活動爭取「普選」。9 月 26 日學聯與學民思潮兩個學生組織佔領政府總部的公民廣場，隨後示威者佔領中環、金鐘、銅鑼灣、旺角等地，阻塞各處交通。佔領行動持續至 12 月中旬，以警方清理各佔領區作結。

**香港社會在普選行政長官一事上遲遲未能達成共識，釀成巨大的政治危機。**

## ·「八三一框架」的「三落閘」是甚麼？·

**《全國人民代表大會常務委員會關於香港特別行政區行政長官普選問題和 2016 年立法會產生辦法的決定》**

**2014 年 8 月 31 日**

| 內容 | 質疑 |
| --- | --- |
| (1) 2017 年有權提名特首候選人的，只有提名委員會，而人數、組成和委員的產生辦法，依舊按照現行由 1200 人、四大界別組成的選舉委員會產生辦法。 | 大部分選民根本無從參與候選人提名程序，「普選」本質上仍是小圈子選舉。 |
| (2) 特首參選人須取得過半數提委會委員提名，才能成為特首候選人。 | 以往的行政長官選舉，只需要取得八分一選委會委員提名便能成為候選人。八三一框架要求參選人須獲得過半數提名委員支持，才能成為候選人，門檻更高。 |
| (3) 提名委員會只能選出 2 至 3 個候選人。 | 以往的行政長官選舉並無規定候選人數目，八三一框架下，候選人最多只可有 2 至 3 人。 |

2017 年 3 月 27 日，佔領中環運動發起人戴耀廷、陳健民、朱耀明，立法會議員陳淑莊、邵家臻，前香港中文大學學生會會長張秀賢，時任學聯常委鍾耀華，社民連副主席黃浩銘和民主黨前立法會議員李永達九人被落案起訴串謀公眾妨擾等罪名，其後九名被告皆有控罪被裁定罪名成立。

13.3

# 「本土派」的崛興與立法會宣誓風波

## 「本土派」的興起

隨着「普選」爭議愈演愈烈，「本土派」人士逐漸崛起。**本土派人士強調必須以「港人」的利益為優先**，宣稱傳統民主派所提倡的「民主回歸」已經失敗，「港人」必須反抗「被中共控制的香港政府」，透過互聯網宣傳自身的主張，**部分組織更主張用武力對抗政府**。本土派派別林立，政見各有不同，較有影響力者有本土民主前線、青年新政、香港民族黨、香港人優先等組織。

## 「旺角暴亂」

2016 年 2 月 8 日晚上（農曆年初一晚至年初二凌晨），有報道指食物環境衞生署於旺角取締現場非法經營的攤販，本土民主前線等組織號召網民到旺角支持無牌小販，與到場支援的警察發生衝突，事件被部分媒體稱為**「旺角騷亂」**。事後本土民主前線成員梁天琦、黃台仰等人被捕及被控暴動罪成。

## 立法會宣誓風波

2016 年 10 月 12 日，立法會舉行第六屆新任議員的宣誓儀式。有議員**在誓詞內添加內容，或以不同道具表達個人政治理念**。其中青年新政的梁頌恆、游蕙禎在宣誓時展示「Hong Kong is not China」的標語，後者更在誓詞中用英語粗口辱罵中國，又稱中國為「支那」。梁頌恆對外辯稱當日「支那」發音為「鴨脷洲口音」，游蕙禎更謂立法會秘書長陳維安歧視他們的「鄉音」。事後全國人大再度釋法，指出未有進行合法有效宣誓者，不得出任相應公職；如拒絕宣誓，將喪失擔任該公職的資格。最後梁頌恆、游蕙禎、劉小麗等六名議員被取消資格。

重點

「本土派」的政治主張比傳統的「泛民」派更為激進，甚至令港人的民主化訴求一步步染上「港獨」色彩。

## ·各方對立法會宣誓風波的態度·

**梁振英（時任行政長官）**

很多港人感到憤怒和失望，香港與內地人民間感情受嚴重影響。要成為立法會議員，一定要有擁護《基本法》和效忠香港特別行政區的承擔，不是言詞閃縮或左閃右避便可。

**范徐麗泰（前立法會主席）**

有議員表現兒戲及缺乏承擔，出言侮辱他人，又自稱是口音問題，令人覺得立法會水平低落至此。

**37 名建制派立法會議員**

聯署要求青年新政兩名議員道歉，要求主席不再為梁頌恆、游蕙禎兩位議員安排宣誓。其後於梁、游欲再次宣誓時，集體離場抗議，造成流會。

**27 名民主派立法會議員**

譴責建制派發動流會的粗暴行為。公開批評青年新政兩名議員的行為不能接受，不過認為青年新政兩名議員因為是由選民選出，應擁有再次宣誓的權利。

notes.

《基本法》第 104 條規定：香港特別行政區行政長官、主要官員、行政會議成員、立法會議員、各級法院法官和其他司法人員在就職時必須依法宣誓擁護中華人民共和國香港特別行政區基本法，效忠中華人民共和國香港特別行政區。

# 難以解決的社會矛盾

## 「去工業化」後所產生的問題

自 1980 年代以後，香港出現「去工業化」的現象，製造業的北移，使香港喪失了不少低技術職位空缺，新興的服務業涉及專業技能，偏向於創造要求學歷的職位，無法完全吸納低學歷人士的就職需要。大學學額的不斷增加，高等教育變為「普及化」，畢業生只將就業目標放於本地就業市場，香港管理階層的職位空缺增長有限，**大學畢業生未能覓得理想的薪酬與工作比比皆是**。回歸後特區政府在招聘公務員時採用「合約制」及外判部分服務，打破過去「鐵飯碗」的體制，公營機構及私人機構紛紛仿效，採用「肥上瘦下」的營運模式（即上級管理人員通過節省資源，精簡人手，為爭取個人表現，過度鞭策下屬達成目標，領取高額酬金；因被削減人手，下層員工被加重工作量，沒有工作的成就感，更有隨時喪失工作的危機），**使社會瀰漫着一片不滿的情緒**。

## 貧富差距日漸增大

自 2008 年金融海嘯後，中國、美國及歐洲先後推行貨幣寬鬆政策刺激經濟，香港因沒有外匯管制，大量「熱錢」湧入香港，推高本地股票及房地產市場，結果是擁有金融資產、房地產資產的人因資產升值而變得更有錢，沒有資產的貧民依然一無所有，**社會的貧富距離從而擴大，「世代貧窮」的現象日趨嚴重**。

隨着大企業的規模效應和專業化，店舖租金的不斷攀升，以及特區政府不斷立法監管企業活動，增加中小企業的營運成本，造成大企業壟斷市場，中小企業的生存空間日漸收縮，年輕人要創業談何容易，**社會流動的渠道日漸收縮**，令本地年輕的一代缺乏「幸福感」，亦缺乏職業保障，置業安居更成為遙不可及的夢想，這種失落感也成為激進「港獨」思想的溫床。

### ·香港的貧富差距有多嚴重？·

**發達地區的堅尼系數（除稅及福利轉移後，2015 年）**

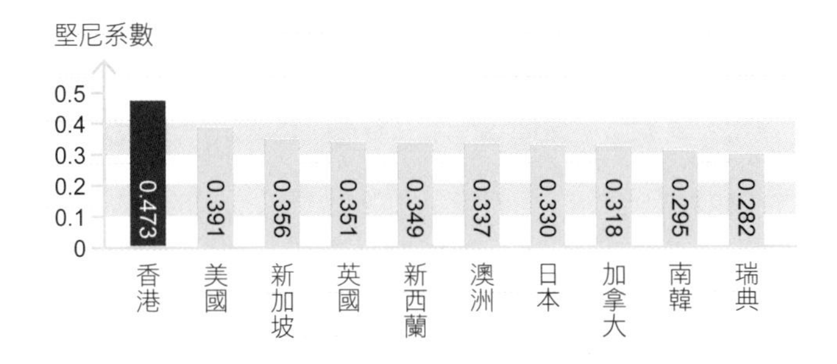


資料來源：2016 年中期人口統計、經合組織、Singapore Ministry of Finance

堅尼系數的數值介乎 於 0 和 1 之間。數字愈大，表示收入越懸殊；數字越小，則表示住戶收入分佈愈平均。國際間一般以 0.4 為警戒線。

notes.

全港最富裕的 10% 住戶，其每月入息中位數（不包括外籍傭工），是最貧窮的 10% 住戶的 43.9 倍，換言之，最貧窮的 10% 家庭需要工作 3.7 年，才能換取最富裕的 10% 家庭的一個月的入息。（資料來源：樂施會《香港不平等報告》）

**重點**

**回歸後，香港的經濟轉型未能滿足青少年人的就業訴求，成為社會一個不穩定因素。**

13.5

# 粵港澳大灣區規劃

## 大灣區的地理定義

所謂粵港澳大灣區，是指由香港、澳門兩個特別行政區和廣東省廣州、深圳、珠海、佛山、惠州、東莞、中山、江門、肇慶**九個城市組成的城市群**，全區總面積有 65 萬平方公里，約有人口 7,000 萬，也是中國南部對外開放程度最高、經濟活力最強的地區。

· 誰是大灣區成員？ ·

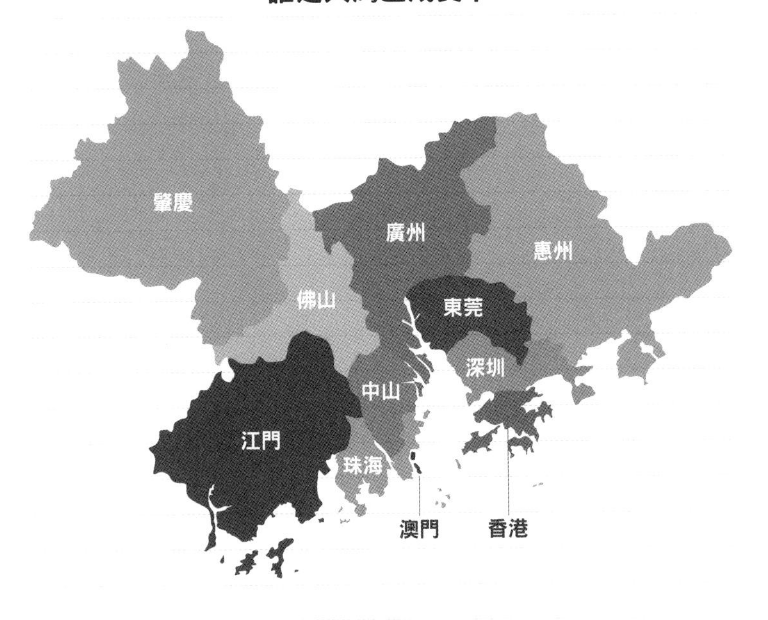


## 規劃的擬定

隨着內地經濟的發展，廣州與深圳已先後提出加強華南城市之間合作的建議。2016 年 3 月，中央政府發表《國民經濟和社會發展第十三個五年規劃綱要》，明確提出「支援港澳在泛珠三角區域合作中發揮重要作用，推動粵港澳大灣區和跨省區重大合作平台建設」，同月，國務院印發《關於深化泛珠三角區域合作的指導意見》，明確要求廣州、深圳攜手港澳，共同打造粵港澳大灣區，建設世界級城市群。2017 年 3 月，十二屆全國人大五次會議在人民大會堂開幕，總理李克強發表政府工作報告，提出「要推動內地與港澳深化合作，研究制定粵港澳大灣區城市群發展規劃，發揮港澳獨特優勢，提升在國家經濟發展和對外開放中的地位與功能」。同月，粵港澳大灣區發展論壇組委會正式成立。

2017 年 7 月 1 日，在習近平主席見證下，香港特別行政區行政長官林鄭月娥、澳門特別行政區行政長官崔世安、國家發展和改革委員會主任何立峰、廣東省省長馬興瑞共同在香港簽署了《深化粵港澳合作　推進大灣區建設框架協議》。

**·《深化粵港澳合作　推進大灣區建設框架協議》的主要內容·**

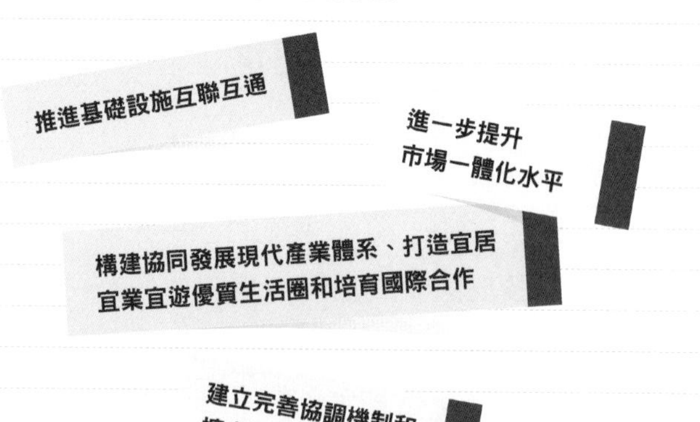

# 機遇與挑戰

粵港澳大灣區各個城市各有自身優勢，有能力成為世界上最多元化的城市群。香港身為其中一員，應發揮利用自身長處，則既能借力於內地城市的多元產業結構、龐大市場規模及資金、愈見成熟的科研技術，亦能為香港的人才創造更多更大的發展空間，使香港突破產業結構日趨單一化、經濟過度向服務業傾斜的弊端，提升競爭力。

此外，「一小時生活圈」的倡議是大灣區的規劃重點，透過建立完善的交通網絡，便利港人到大灣區生活。相比香港的高消費指數，大灣區的樓價及物價相對便宜，能為有意到大灣區發展的港人提升生活水平。大灣區為香港未來發展勾畫了美好藍圖。

然而面對的困難與挑戰也不少。比如香港與內地城市的政治和法律制度存在差異——社會主義制度與資本主義制度不同；大陸法與普通法的分別等等，將為城市共融帶來挑戰。其二，同為中國南方的沿海發達城市，香港與大灣區的其他成員在行業和功能上的重疊不少，合作之餘亦存在充分競爭的局面。如何在互動之中突出香港的獨特性，保持其在大灣區內的領先地位，避免與其他大灣區城市形成惡性競爭，破壞共贏的初衷，將是一個非常考驗香港人智慧的難題。

**打造粵港澳大灣區，建設世界級城市群，有利於進一步密切內地與港澳交流合作。**

13.6

# 修例事件

## 台灣殺人案與逃犯條例的修訂

2018 年 2 月，香港人陳同佳在台灣殺害女友潘曉穎後潛逃回港，隨後被香港警方拘捕，陳氏承認殺害潘曉穎。但因過去香港與台灣並無移交疑犯的機制，特區政府無法理依據把陳同佳遣送回台。

2019 年 2 月，特區政府向立法會提交《2019 年逃犯及刑事事宜相互法律協助法例（修訂）條例草案》，目的是希望與沒有簽訂逃犯引渡安排的台灣、澳門和中國內地以個案方式移交逃犯，可是卻招來香港民間、商界和國際社會強烈反彈，**憂慮個別港人會在內地以言論入罪，被遣返內地受審，政府再難保障港人自由和公平審訊權利**。特區政府各主要官員雖然多番解釋，始終未能平息公眾的疑慮。

## 暴力衝突的爆發

2019 年 6 月 9 日，民間人權陣線（簡稱「民陣」）組織反修例遊行，遊行後少數示威者拒絕散去。次日凌晨逾百名戴上口罩的人在立法會示威區外，兩度嘗試**衝入立法會**，與警方衝突。

6 月 12 日，立法會原定當日恢復《逃犯條例》修訂二讀辯論，大量示威者清晨 8 時湧到金鐘堵路。下午 3 時示威者衝擊政府總部的警察防線，有示威者更以鐵枝刺向警員。7 月 1 日示威者**佔領立法會大樓**，7 月 21 日示威者**包圍位於港島西營盤的中聯辦大樓，破壞大樓外圍及塗污國徽**，更有人試圖闖入大樓。同晚又發生元朗白衣人襲擊事件。泛民立法會議員林卓廷與反修例的支持者乘輕鐵抵達元朗站，與身穿白衣的人士發生衝突，導致反修例的支持者多人受傷。事後支持反修例的媒體稱白衣人為「黑社會」，將襲擊事件定性為**「警黑勾結」導致「市民遇襲」**，成功地將社會輿論焦點從「中聯辦遇襲」轉移到「無辜市民被黑社會襲擊，警察與黑社會勾結而袖手旁觀」的論述。

至此，修例風波全面發酵，「藍絲」（建制派支持者）與「黃絲」（反修例支持者）兩大陣營各自論述；示威者堵塞道路和破壞公眾財產，**使香港有如陷入無政府狀態**。

11 月中旬，示威者利用中大、理大、浸大、城大、港大為據點，堵塞吐露港公路、紅磡海底隧道。**警方在中文大學與理工大學與示威者進行激烈的攻防戰**。其後示威者棄守中大，轉而集中於理大與警察對抗。最後理大內的示威者大部分向警方投降。

## ・贊成及反對修訂《逃犯條例》雙方觀點・

| 贊成 | 反對 |
| --- | --- |
| 《逃犯條例》在香港回歸前已有，這次只是增修，是把中國大陸、澳門和台灣加進去。 | 《逃犯條例》修訂能把香港人送到內地受審，使在港活動的人失去香港司法獨立帶來的保障。 |
| 必須要特區法院和特首雙批准才能實施移交罪犯。 | 按建議的修訂，行政長官將不再需要立法會的同意，便可以啟動個案移交，大幅移除了對行政長官的監督，大幅減低了對疑犯的保障。<br>法庭只可審視由當地控方提供的表面證供，不會考慮案件是否完全沒有合理疑點。 |
| 增修條例草案明確規定只適用於移交必須是 37 種國際公認刑事犯罪，且刑期都在 7 年或以上的罪犯。<br>增修條例草案明確規定「八不移交」，明確說明移交的罪犯不涉及與言論相關的行為，即不涉及新聞、言論、學術、出版等方面行為。 | 憂慮當地控方羅織罪名，以 37 種國際公認刑事犯罪起訴政治犯。 |

# 港區國安法的推行

## 實施背景

原本按照基本法23條的規定，特區政府應自行立法禁止任何叛國、分裂國家、煽動叛亂等行為，但因在香港社會引發極大爭議而遲遲未能立法。中央政府目睹**香港形勢日漸失控，部分示威者幕後亦涉嫌得到境外勢力財政與物資的支援**（主要是台灣和美國），決意訂立《中華人民共和國香港特別行政區維護國家安全法》（簡稱「國安法」）維持對香港的治權。該法案於2020年6月30日在全國人大常委會議決通過，同日以全國性法律形式納入《基本法》附件三中，在香港公佈施行。

**《港區國安法》與基本法二十三條分別是由國家和特區層面制定。相比基本法二十三條，《港區國安法》在表述顛覆國家政權的含義方面更廣泛、更充分。**

**· 國安法的內容 ·**

把分裂國家、顛覆國家、恐怖活動、勾結外國或境外勢力危害國家等行為列為罪行。

中央政府在港增設維護國家安全公署。

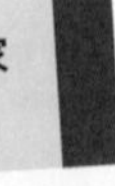

特區政府成立維護國家安全委員會、警務處國家安全處等部門負責國安執法及司法事宜。

若特區的法律規定與《國安法》不一致時，以《國安法》為準。

## 國安法在香港的實施

按照國安法的規定，中央政府在香港設立「中央人民政府駐香港特別行政區維護國家安全公署」，監督指導特區政府履行維護國家安全的職責；特區政府成立「維護國家安全委員會」，由特首擔任主席，又成立「香港警務處國家安全處」，組織架構類似港英殖民時代名義上隸屬於警務處的「政治部」，**擁有不須經法院批准，即可搜查可能存有犯罪證據的場所或電子設備等極大權力**；律政司亦會設立國家安全犯罪案件檢控部門，負責國安案件的檢控工作。

國安法的實施，加上 2020 年初起新冠肺炎的肆虐，壓制了示威者的破壞活動。國安法也對「港獨」的倡議者**起了震懾作用**，不少人慌忙流亡海外，「移動」也成為「黃營」人士的熱議話題。

# 小結

回顧近年香港社會價值衝突，的確談得上「驚濤駭浪」。但正如人類的歷史發展不只總是高歌猛進，香港社會發展道路曲折必將是新發展的前奏。

隨着港區國安法落實，困擾香港多年的政治紛爭暫告一段落，有利於社會各界回歸理性討論，亦令港人對當初設立「一國兩制」與制定《基本法》的初心更為透徹了解。另一方面，全球爆發的新冠疫情隨着多款疫苗的成功研發，漸見曙光，多個國家及地區政府安排市民陸續接種，過程雖非一帆風順亦算穩步向前。通關在望，有助經濟復甦。展望未來，大灣區必將促進香港與內地城市的共融與互利，亦能為港人創造更多機遇，協助香港突破發展瓶頸。香港人應擴闊眼界，提升自身實力，展露文化自信，同心協力，令香港能向下一個發展階段理性邁進。

# 香港大事年表

| 年份 | 政治 | 社會與文化 | 經濟 |
|---|---|---|---|
| 1950 | 英國宣佈承認中華人民共和國。<br>「羅素街血案」。<br>兩航起義事件。 | 《新晚報》創刊。 | 該年本地約有製造業企業 1,478 家，僱用 8.2 萬人。<br>中國介入韓戰，美國對中國實施貿易禁運。 |
| 1951 | 周恩來發出「香港是中國與世界交往的橋頭堡」的指示。<br>港府封閉新界邊境。 | 實施統一學制計劃，全港中小學均改為六年制。 | 財政司霍勞士首次提出港府財政總儲備應不少於該年年度預算收入的準則。 |
| 1952 | 「三・一騷亂」。<br>《大公報》案。<br>港府恢復市政局的選舉。 | 香港人口增至 213 萬人。<br>首批女警開始執勤。<br>香港通過《1952 年教育條例》，加強對學校的監管。 | 本地生產總值較 1951 年減少 7.5%，為戰後首次負增長。 |
| 1953 | 港府成立維多利亞、九龍兩個地方法院，取代高等法院簡易法庭。 | 石硤尾大火。<br>《兒童樂園》創刊，為香港首份彩色印刷的兒童刊物。<br>香港八和會館註冊成立。 | 工商處税收增至 7,764 萬元。 |
| 1954 | 港府將中英街劃成特別禁區。<br>公民協會成立。<br>港督葛量洪訪問美國，稱香港為「東方柏林」。 | 香港屋宇建設委員會成立。 | 港府頒佈《1954 年差餉（修訂）條例》，規定新界不同地區物業的差餉水平與市區的看齊。 |

# 1950 ➤ 2020

| 年份 | 政治 | 社會與文化 | 經濟 |
|---|---|---|---|
| 1955 | 「克什米爾公主號」事件。<br>葛量洪訪問北京。 | 首屆藝術節舉行。<br>維多利亞公園正式開放。<br>掘出李鄭屋村古墓。<br>香港獅子會成立。 | 港府開始開發觀塘工業區。 |
| 1956 | 九龍暴動。<br>市政局舉行改制後首次民選議席選舉，革新會的鍾愛理遜成為香港首位女性議員。 | 香港浸會書院成立。<br>聯合書院成立。 | |
| 1957 | 港府發表《九龍及荃灣暴動報告書》。 | 有線電視廣播首次出現。 | 香港與內地貿易入超達 9 億元。 |
| 1958 | 港府干預左派學校懸掛五星旗。<br>港府禁止左派學校舉行體育表演。 | 港府將社會局改組為社會福利署。<br>香港專上學生聯合會成立。<br>邵逸夫創辦「邵氏兄弟（香港）有限公司」。 | 啟德機場新跑道正式啟用。 |
| 1959 | 港府承認鄉議局為法定機構。<br>香港輔助警察隊正式成立。 | 商業電台開台。<br>查良鏞創辦《明報》。 | 本地製造業企業增至 4,541 家，僱用人數增至 17.7 萬人。 |
| 1960 | 港府改稱官學生為政務官，是港府重要的人事制度改革措施。<br>中港簽訂《深圳水供港協議》。 | 防止自殺會創立，1976 年更名為香港撒瑪利亞防止自殺會，是亞洲第一間關注自殺問題的組織。 | 恆生銀號易名為恆生銀行。<br>美元危機引致搶購黃金熱潮，香港金銀貿易場宣佈停市兩天。 |

| 年份 | 政治 | 社會與文化 | 經濟 |
| --- | --- | --- | --- |
| 1961 | 移民局正式成立。<br>華人助理警司曾昭科因涉及間諜活動被港府遞解回內地。 | 香港實施《1961年社團（修改）法案》打擊黑社會的活動。 | 廖創興銀行擠提風潮。<br>港府限制建築商買賣樓花活動。 |
| 1962 | 周恩來下令「三趟快車」向香港提供足夠副食品。<br>英國警告聯合國不可干涉其殖民地事務。 | 香港新大會堂落成啟用。<br>政府彩票第一期開售。 | 美國、加拿大等西方國家開始限制香港棉織品進口。 |
| 1963 | 英國下議院辯論香港前途問題，有議員建議政府向中國政府提出續租新界，並應給予港人更多發言權。 | 中文大學成立。<br>麗的呼聲中文電台正式啟播。<br>伊利沙伯醫院正式啟用。 | |
| 1964 | 李曹秀群獲委任為香港首位華人市政局女議員。 | 港府頒佈《1964年社團（修訂）條例》，授權警方對類似三合會的青年犯罪組織及其頭目執法。<br>船灣淡水湖動工興建。<br>九龍仔泳池揭幕，是九龍首個公眾游泳池。 | 港府頒佈《1964年銀行業條例》，規定本地註冊銀行須備有足夠的準備金，並成立香港銀行監理處和銀行諮詢委員會，監管銀行的業務。 |
| 1965 | 英女皇頒佈《皇室訓令》，自翌年1月6日起，駐港英軍三軍總司令不再擔任立法局當然議員；另立法局官守議席由七席增至八席。 | 《讀者文摘》香港中文版創刊。<br>首屆五年制中文中學會考開考。 | 香港多間華資銀行包括恒生、道亨、遠東及永隆均出現擠提。 |
| 1966 | 天星小輪加價事件。 | 金鐘夏慤道行車天橋正式通車，是港島首條高架立交行車天橋。 | 成立法定機構香港貿易發展局，負責拓展香港對外貿易。 |

| 年份 | 政治 | 社會與文化 | 經濟 |
|---|---|---|---|
| 1967 | 「六七暴動」。 | 嶺南書院舉行成立典禮。<br>獅子山隧道通車。<br>無綫電視啟播。 | 港府宣佈港元跟隨英鎊貶值 14.3%，以維持 16 港元兑 1 英鎊的比率。 |
| 1968 | 港府推行民政主任計劃。 | 市政局於卜公碼頭天台花園舉辦首場新潮舞會，2000 餘人參加。 | 勞資關係協進會成立。 |
| 1969 | 市政局發表由其地方政制委員會撰寫的《市政局地方政制改革報告書》，建議分階段擴大市政局範圍，逐步增加民選成分。 | 船灣淡水湖落成啟用。<br>馬惜珍創辦《東方日報》。 | 恒生銀行首次公開發佈恒生指數（恒指）。<br>遠東交易所有限公司開業。 |
| 1970 | 港府於布政司署增設銓敍司一職，負責公務員的任命、待遇、訓練及管理。 | 香港頒佈修訂婚姻制度條例，於次年落實一夫一妻制。<br>嘉禾電影（香港）有限公司註冊成立。 | 香港首家商人銀行（即投資銀行）怡富公司註冊。 |
| 1971 | 律政司羅弼時在立法局會議中，提出修訂《1968 年香港立法局會議常規》，准許議員使用英語或粵語發言，動議獲得通過。 | 實施免費小學教育。<br>香港各界發動保釣運動。<br>胡鴻烈夫婦創辦香港樹仁書院。<br>港府全面實施八小時工作制。 | 金銀證券交易所有限公司開業。 |
| 1972 | 中國駐聯合國大使黃華提出聯合國不應把香港列入殖民地名單之內。 | 港府宣佈推行「十年建屋計劃」。<br>「清潔香港運動」推行。<br>紅磡海底隧道通車。 | 宣佈港元終止與英鎊掛鈎，後改與美元掛鈎。 |

| 年份 | 政治 | 社會與文化 | 經濟 |
| --- | --- | --- | --- |
| 1973 | 港府取消市政局的官守議席。<br>港府公佈《麥健時報告書》。<br>「反貪污，捉葛柏」運動開始。 | 香港房屋委員會成立。<br>「撲滅罪行運動」推行。 | 「七三股災」爆發，是香港首次股災。 |
| 1974 | 廉政公署成立。 | 港府頒佈《1974 年法定語文條例》，中文正式成為法定語文。<br>港府實施「抵壘政策」。 | 實施《證券條例》，設立證券事務監察委員會。<br>香港證券交易所聯合會成立。 |
| 1975 | 葛柏被判入獄。<br>英女皇伊利沙伯二世訪港。 | 《不良刊物條例》實施。<br>佳藝電視開播。 | 香港地下鐵路公司成立。<br>紅磡火車站啟用。 |
| 1976 | 拔萃女書院校長西門士夫人被委任為首位行政局女性議員。 | 《郊野公園條例》制訂。<br>六合彩首次開彩。<br>亞洲藝術節首次舉辦。 | 香港商品交易所成立。 |
| 1977 | 警廉大衝突。 | 海洋公園正式開放。<br>金禧中學事件。<br>香港考試局成立。 | 香港工業邨公司成立。 |
| 1978 | 中央政府成立港澳辦公室。 | 九年免費教育推行。 | 由房委會規劃的第一期居屋計劃開始接受申請。 |
| 1979 | 港督麥理浩訪京，鄧小平向他表示中國收回香港的決心。 | 油麻地避風塘艇戶事件。<br>麥理浩徑啟用。 | 港穗直通車恢復行駛。 |

| 年份 | 政治 | 社會與文化 | 經濟 |
|---|---|---|---|
| 1980 | 港府發表《綠皮書：香港地方行政的模式》，就 1980 年代地方行政制度的改革建議諮詢公眾。 | 「抵壘政策」取消。<br>香港太空館揭幕。 | 地下鐵路通車。 |
| 1981 | 民政署與新界民政署合併，組成政務總署，市區與新界的民政機構統一。 | 平安夜騷動。 | 長實主席李嘉誠出任和黃董事局主席，成為首位入主英資集團的華人。 |
| 1982 | 鄧小平在談到台灣問題時，首次使用「一個國家，兩種制度」的概念。<br>戴卓爾夫人訪問北京。<br>首次區議會選舉舉行。 | 首屆香港賀歲煙花匯演在農曆年初一晚上於維多利亞港舉行。<br>第一屆香港電影金像獎舉行頒獎禮。 | 市面謠傳中英談判破裂，投機者炒賣美元，導致港元匯率大幅下滑。 |
| 1983 | 市政局首次實行分區選舉。<br>港督首次委任兩名民選區議員為立法局非官守議員。<br>論政團體匯點成立。 | 位於紅磡的香港體育館開幕，通稱紅館。 | 港府推出聯繫匯率制度。<br>港澳中銀集團成立。 |
| 1984 | 鍾士元等議員前往倫敦爭取如何建立港人治港及民主化。<br>鄧小平會見香港工商界訪京團時，明確提出要用「一國兩制」的辦法解決香港和台灣問題。<br>中英兩國簽署《中英聯合聲明》。 | 九龍清真寺落成啟用。<br>威爾斯親王醫院啟用。 | 日資百貨公司八佰伴於沙田新城市廣場開設本港首家分店。 |

| 年份 | 政治 | 社會與文化 | 經濟 |
| --- | --- | --- | --- |
| 1985 | 「中英聯合聯絡小組」成立。<br>基本法起草委員會成立。<br>立法局第一次透過選舉產生部分議員。 | 港督尤德主持立法局大樓開幕儀式。<br>演藝學院成立。 | 中信公司在香港發行債券，是內地企業首次在港發行的債券。 |
| 1986 | 區域市政局舉行首次選舉。<br>港督尤德病逝北京。 | 市民請願停建大亞灣核電廠。 | 香港聯合交易所正式運作。<br>恒生期貨指數開始交易。 |
| 1987 | 港府發表綠皮書，就 1988 年立法局應否有部分議席由直接選舉產生，向公眾諮詢。 | 香港作家協會成立。<br>香港藝術家聯盟成立。 | 「八七股災」爆發。<br>港府開始實施公屋住戶資助政策（俗稱雙倍租政策）。 |
| 1988 | 港府發表《代議政制今後的發展白皮書》。<br>楊鐵樑被委任為首位華人首席按察司。 | 教育統籌委員會發表《第三號報告書》。<br>香港科技大學成立。<br>電影三級制實施。 | 港督衛奕信發表施政報告，提出在赤鱲角興建新國際機場，取代啟德機場。 |
| 1989 | 「六四事件」。<br>英國推出「港人居英權方案」。 | 香港公開進修學院成立。<br>東區海底隧道通車。<br>香港文化中心啟用。 | 證券及期貨事務監察委員會成立。 |
| 1990 | 基本法公佈。<br>港府公佈 1991 年立法局產生辦法的安排。 | 法定年齡從 21 歲降至 18 歲。<br>城門隧道通車。<br>醫院管理局成立。 | 滙豐銀行宣佈將控股公司和註冊地遷到倫敦。 |

| 年份 | 政治 | 社會與文化 | 經濟 |
| --- | --- | --- | --- |
| 1991 | 立法局舉行首次直接選舉。<br>啟聯資源中心成立。 | 港府開始實施有秩序遣返越南船民計劃。<br>大老山隧道通車。 | 外匯基金管理局成立。<br>中英雙方簽訂《關於香港新機場建設及有關問題的諒解備忘錄》。 |
| 1992 | 英國政府召回港督衛奕信，改派彭定康出任末代港督。<br>中央政府聘任首批港事顧問。<br>彭定康提出憲政改革方案。<br>「民建聯」成立。 | 演藝界舉行反暴力大遊行。 | 中信泰富有限公司成為首家被納入恒指成份股的中資公司。 |
| 1993 | 香港特別行政區籌備委員會預備工作委員會成立。<br>陳方安生成為首位華人布政司。<br>自由黨成立。 | 港府開始清拆九龍寨城。 | 香港金融管理局成立。 |
| 1994 | 港同盟與「匯點」合併組成民主黨。<br>解放軍駐港部隊正式成立。 | 香港教育學院成立。<br>港府批准浸會學院、理工學院、城市理工學院升格為大學。 | |
| 1995 | 港澳辦發言人表示，港英最後一屆立法局將不能直接過渡。<br>中英雙方就機場財務問題達成共識。<br>庫務司曾蔭權出任財政司，是首位出任該職的華人。 | 最高法院完成審理本港首宗使用中文審訊的民事案件，並頒下最高法院首份中文判詞。 | 電訊管理局發放新牌照，打破香港電訊的壟斷局面。 |

| 年份 | 政治 | 社會與文化 | 經濟 |
| --- | --- | --- | --- |
| 1996 | 香港特別行政區籌備委員會成立。<br>董建華當選首任特區行政長官。 | 教統會發表《第六號報告書》。<br>李麗珊為香港取得首枚奧運金牌。 | 金管局推出即時支付結算系統。 |
| 1997 | 臨時立法會在深圳舉行首次會議。<br>回歸慶典舉行。 | 教育署推行母語教學。<br>禽流感事件。<br>董建華提出每年興建不少於八萬五千個公私營房屋單位。 | 亞洲金融風暴嚴重影響香港。<br>赤鱲角機場啟用。<br>青馬大橋正式啟用。 |
| 1998 | 胡仙事件。 | 推行外籍英語教師計劃。 | 港府入市干預市場。<br>推行中藥港計劃。 |
| 1999 | 人大第一次釋法。<br>居屋出現短樁事件，房委會主席王葛鳴引咎辭職。<br>市政局與區域市政局解散。 | 終審法院就吳嘉玲案作出判決。 | 盈富基金上市。 |
| 2000 | 鍾庭耀事件。 | 董建華承認自1998年開始推出新的穩定樓價措施後，八萬五房屋政策已不復存在。<br>推行教師語言能力評審。 | 開展數碼港計劃。 |
| 2001 | 政務司司長陳方安生宣佈提早退休。 | 終審法院就莊豐源案作出判決。 | |

| 年份 | 政治 | 社會與文化 | 經濟 |
|---|---|---|---|
| 2002 | 港府推行「主要官員問責制」。<br>基本法二十三條立法建議提出。<br>港府提出公務員減薪，引起公務員激烈反對。 | 港府停售居屋。 | |
| 2003 | 財政司司長梁錦松因在增加汽車首次登記稅前購入私家車而辭職。<br>「二十三條」立法爭議。<br>七一大遊行。 | SARS 事件。<br>政府正式在新界鄉村推行「雙村長制」。 | 中央政府與港澳簽訂《內地與港澳關於建立更緊密經貿關係的安排》。 |
| 2004 | 人大第二次釋法。 | 校本管理推行。 | |
| 2005 | 董建華向中央辭去特首職務。<br>民建聯與「香港協進聯盟」（港進聯）合併。<br>人大第三次釋法。<br>曾蔭權當選特首。<br>《政制發展專責小組第五號報告》發表。 | 教統局發表《高中及高等教育新學制——投資香港未來的行動方案》，落實三三四新學制。<br>西九龍文化區計劃重新啟動。 | 服務業的比重所佔的本港生產總值上升到 90.7%。 |
| 2006 | 「公民黨」及「社會民主連線」成立。 | 香港樹仁學院升格為首家政府承認的私立大學。<br>保留舊中環天星碼頭事件。 | |

| 年份 | 政治 | 社會與文化 | 經濟 |
| --- | --- | --- | --- |
| 2007 | 全國人大通過《全國人民代表大會常務委員會關於香港特別行政區 2012 年行政長官和立法會產生辦法及普選問題的決定》。<br>教院事件。<br>社民連和公民黨推行「五區公投」。 | | 在港中資企業已超過 2,900 家，總資產超過 2,200 億美元。<br>曾蔭權提出以 2,500 億元進行十大基建，估計創造額外 25 萬個職位。 |
| 2008 | 港府擴大問責制，委任首批副局長。 | | 港府提出發展教育、醫療、檢測和認證、環保、創新科技、文化及創意等產業。<br>雷曼兄弟迷你債券事件。 |
| 2009 | 港府發表《2012 年行政長官及立法會產生辦法諮詢文件》。 | 三三四新學制實施。 | |
| 2010 | 社民連與公民黨提出「五區公投」。 | 廣深港高速鐵路香港段正式施工。<br>立法會通過最低工資法案。<br>東涌一名老婦取得法律援助後向香港高等法院提出司法覆核，阻撓興建港珠澳大橋。 | 政府徵收樓宇買賣額外印花稅。<br>政府提出置安心資助房屋計劃。 |

| 年份 | 政治 | 社會與文化 | 經濟 |
|---|---|---|---|
| 2011 | 黃毓民、陳偉業等組成「人民力量」的政治組織。<br>人大第四次釋法。<br>政府就《遞補機制》在科學館舉行公眾諮詢會，反對派指諮詢會安排不公而衝擊會場。 | 菜園村事件。<br>政府建議將「國民教育」列為必修科目。 | 港府提出新居屋計劃。 |
| 2012 | 曾蔭權因接受富豪款待而受到批評。<br>梁振英當選特首。<br>部分立法會議員展開拉布戰，阻撓通過梁振英所提出的政府改組方案。 | 港珠澳大橋珠海連接線項目正式施工。<br>政府決意清理新界村屋僭建物，引致新界人士的激烈抗議。<br>教會及民間團體就國民教育實施問題發動抗爭，迫使政府讓步。 | |
| 2013 | 戴耀廷、陳健民、朱耀明三人聯合發表「讓愛與和平佔領中環」的「信念書」。<br>特區政府實施「零雙非」政策。 | 啟德郵輪碼頭啟用。 | 特區政府推出進一步打擊樓市炒賣的措施。<br>港交所成立的香港場外結算有限公司開業。 |
| 2014 | 全國人大常委會作出「八三一決定」。<br>違法「佔領中環」運動啟動。 | 運作 46 年歷史的舊灣仔碼頭停用，以配合灣仔填海工程。翌日， 新灣仔渡輪碼頭投入服務。 | 港鐵宣佈，廣深港高速鐵路工程須延期至 2017 年通車，造價增至 817 億元，超支 148 億元。<br>滬港股票市場交易互聯互通機制（滬港通）正式開通。 |

| 年份 | 政治 | 社會與文化 | 經濟 |
| --- | --- | --- | --- |
| 2015 | 特區政府根據 2014 年「八三一決定」及公眾諮詢的結果，公佈《行政長官普選辦法公眾諮詢報告及方案》。 | 終審法院遷到位於中環昃臣道的原立法會大樓，並舉行啟用典禮。 | 特區政府成立航空發展與機場三跑道系統諮詢委員會。 |
| 2016 | 反高鐵示威者於立法會大樓集結並與警方對峙。<br>立法會宣誓風波。 | 亞視的本地免費電視節目服務牌照屆滿，結束其 59 年的免費電視歷史。 | 積金局的分期提取強積金措施生效。 |
| 2017 | 區域法院首次就 2016 年農曆新年「旺角騷亂」作出裁決，裁定三名被告暴動罪成立。<br>警方拘捕 2014 年違法「佔領中環」運動發起人及組織者。 | 政府統計處發佈《主題性報告：香港的住戶收入分佈》，當中顯示反映貧富懸殊的堅尼系數為 0.539，是有紀錄以來的新高。 | 特區政府收緊印花稅豁免安排。 |
| 2018 | 港鐵沙中線工程被接連揭發醜聞。 | 政府宣佈研究落實「明日大嶼」人工島計劃。 | 廣深港高鐵香港段、港珠澳大橋等跨境基建相繼開通，吸引大量內地客來港。 |
| 2019 | 特區政府向立法會提交《2019 年逃犯及刑事事宜相互法律協助法例（修訂）條例草案》，引起巨大爭議，刺激連串社會風波。 | 自願醫保計劃正式實施。 | 阿里巴巴來港作第二度上市，連同超購配售權，總集資逾 1,000 億元。 |
| 2020 | 《中華人民共和國香港特別行政區維護國家安全法》（簡稱「國安法」）在港推行。 | 教育局大幅改革高中通識科，引發社會爭論。<br>文憑試歷史科試題引起爭議。 | 新冠肺炎疫情反覆，嚴重影響民生、打擊經濟。 |

# 備忘

# 速讀香港史

周子峰 著

責任編輯　郭子晴
裝幀設計　霍明志
排　　版　吳丹娜
印　　務　劉漢舉

出版
中華書局（香港）有限公司
香港北角英皇道四九九號北角工業大廈一樓 B
電話：（852）2137 2338　傳真：（852）2713 8202
電子郵件：info@chunghwabook.com.hk
網址：http://www.chunghwabook.com.hk

發行
香港聯合書刊物流有限公司
香港新界荃灣德士古道 220-248 號
荃灣工業中心 16 樓
電話：（852）2150 2100　傳真：（852）2407 3062
電子郵件：info@suplogistics.com.hk

印刷
美雅印刷製本有限公司
香港觀塘榮業街六號海濱工業大廈四樓 A 室

版次
2021 年 5 月初版

規格
16 開（210mm×148mm）

ISBN
978-988-8758-40-1